AM WEG

ES IST WIE ES IST
UND SO WIE ES IST,
SO IST ES.

ICH

GESTALTE,
WIE ES WERDEN SOLL.

BIN

„KINDERN
ERZÄHLE ICH GERNE GESCHICHTEN,
DAMIT SIE EINSCHLAFEN.

ERWACHSENEN
ERZÄHLE ICH GERNE GESCHICHTEN,
DAMIT SIE WIEDER AUFWACHEN."

OSKAR KERN

IMPRESSUM

DER INHALT, DIE IDEE, DAS KONZEPT UND DESIGN FÜR DIESES IMPULSBUCH IST URHEBERRECHTLICH GESCHÜTZT UND DARF NUR MIT AUSDRÜCKLICHER ZUSTIMMUNG DES AUTORS OSKAR KERN VERWENDET UND WIEDERGEGEBEN WERDEN.

AUTOR, IDEE, DESIGN UND KONZEPTION:	OSKAR KERN
GRAFIK, ZEICHNUNGEN, SCRIBBLE:	OSKAR KERN, VERVIEVAS
DESIGNERSCHRIFTEN:	NILS CORDES & DARRELL FLOOD
COKREATIV	PETRA MASCHER
FEHLERTEUFELABWEHR:	HELGA, PETRA

DANKE AN DIE BESONDEREN MENSCHEN UND IMPULSGEBER FÜR DIE KONTROVERSE, INDIVIDUELLE BETRACHTUNG, DIE MIT IHREN PERSÖNLICHEN, WERTVOLLEN GEDANKEN UND HALTUNGEN WESENTLICH ZU DIESEM BUCH UND DEN BESONDEREN PERSPEKTIVEN BEITRUGEN. EIN „VERRÜCKTES" IMPULSBUCH KONNTE DADURCH ENTSTEHEN.

MEIN IM**PULS**BUCH

EINE BESONDERE REISE ZU MIR

DIESES BUCH GEHÖRT:

MEIN LIEBLINGSZITAT:

ES IST NICHT GENUG ZU WISSEN
MAN MUSS ES AUCH ANWENDEN KÖNNEN
ES IST NICHT GENUG ZU
WOLLEN MAN MUSS ES AUCH TUN

>>> REISETIPP FÜR DEIN IMPULSBUCH <<<

Du kannst dieses Impulsbuch privat oder beruflich für Dich selbst oder für eine bestimmte Herausforderung verwenden. Betrachte bei einer Innovations- oder Change-Situation diese als „Person" und gehe dann in gleicher Art und Weise vor. Dadurch wirst Du ganz neue Blickwinkel auf die jeweilige Situation erhalten.

1. ALLES IST ERLAUBT!
Notiere, skizziere, zeichne, klebe, streiche durch, markiere spontan Deine Gedanken, Empfindungen und Ideen in Dein Impulsbuch

2. IMMER WIEDER! ... BEGINNEN, REFLEKTIEREN, VERBESSERN
Nimm Dein Impulsbuch immer wieder zur Hand und beginne von vorne zu lesen, ergänze Deine Anmerkungen mit neuen Ideen und Skizzen reflektiere immer wieder. entdecke, lerne und entwickle Dein Buch.

3. REFLEKTIERE DIE GESCHICHTEN UND AUSSAGEN
Du findest in diesem Buch zahlreiche, bewegende Geschichten, Tipps und Haltungen - reflektiere diese, versuche zu verstehen, wo Deine Parallelen sind, was Du gut findest und was Du keinesfalls so machen möchtest. Unterstreiche, was Dir wichtig ist und streiche durch, was Dir nicht passt.

OPTIONAL: EXTERNER INPUT - MEIN BUCH GEHT SELBST AUF REISEN
Wenn Du möchtest und es Dir Spaß macht, dann gib Dein Buch auch anderen Menschen, damit sie Deine Gedanken ergänzen (idealerweise mit eigener Stiftfarbe).

Hab' viel Spaß & sei neugierig

MEINE ERSTEN GEDANKEN
NOTIERE UND ZEICHNE HIER DEINE ERSTEN GEDANKEN

AUCH EINE REISE VON TAUSEND MEILEN
FÄNGT MIT DEM ERSTEN SCHRITT AN.

MEIN REISEPLAN

"... gebe mir die Gelassenheit,

Dinge hinzunehmen, die ich nicht ändern kann,

den Mut, Dinge zu ändern, die ich ändern kann,

und die Weisheit,

das Eine vom Anderen zu unterscheiden."

Niebuhr

KOMPASS

Erneuerung und Change erfordert in erster Linie neue Orientierung. Der speziell entwickelte Impulskompass hilft Dir dabei, Deine Change- und Innovationsprozesse nachhaltig umzusetzen.

Dieses Impulsbuch folgt den Phasen des Impulskompasses:

1. Aufbrechen & Klärung
2. Ziele konkret setzen und Fokussieren
3. Veränderung & Weg konsequent gehen
4. Ankommen & Reflektieren

Impulskompass-Anwendung

1. **Zentrum - das fokussierte ICH**
   Beginne bei Veränderungsprozessen immer mit dem eigenen ICH, Du selbst, Deine Firma, Dein Vorhaben, Dein Projekt, Deine Liebe,...

2. **Beziehungskreis - die 3Fs**
   Reflektiere Deine aktuelle Situation, Dein Vorhaben, Deine Entwicklung in den 3 Dimensionen (Familie, Freunde, Firma) Wer ist hier relevant, wer steht in welcher Beziehung zu Dir, wer ist Mentor, Mediator, Unterstützer, Verhinderer

3. **die 4 Phasen der Erneuerung**
   Aufbrechen (Warum, Kairos, Wünsche, Träume) Einfach neue Gedanken zulassen und AUFbrechen
   Ziele (Deine Ziele, konkret, Maßnahmenplan, Fokus) Klären, wo die Reise hingeht, wie das Ziel sein sollte
   Veränderung (Hürden, Neugier, Konsequenz, Weg)
   Ankommen (Erfolge feiern, Warum, Glück, Zukunft)

4. **Lebenskreis - 8 Fokusthemen im Einklang**
   die 8 Themen, die im Gleichklang sein müssen, damit Nachhaltigkeit, Erfolg und Glück entsteht. Achte genau darauf, wobei Du gut bist und worin es noch Verbesserungsbedarf gibt.

Glück

ist eine Frage
des Wissens
über sich selbst.

„Die Frage ist nicht,
was passieren wird,
sondern
was passieren soll

und wie ICH
Einfluss darauf
nehmen kann."

Oskar Kern

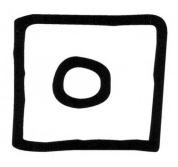

ERINNERUNGEN

DIE WAHRE LEBENSKUNST BESTEHT DARIN,
IM ALLTÄGLICHEN DAS WUNDERBARE ZU SEHEN.

WIR ENTSCHEIDEN,
WER WIR SIND,
WAS WIR TUN UND
WIE WIR SEIN WOLLEN.

BIN

Ich bin so wie ich bin und so wie ich bin, so bin ich gut.

Das OK-Männchen hilft Dir dabei, dass Du schwierige Situationen einfach analysieren kannst. Du wirst erkennen, wo dem Männchen etwas fehlt, wo Du ansetzen und nachlegen kannst und was bereits super funktioniert.

Wenn Du übst, dann kannst Du die Antworten zu den Fragen in der richtigen Proportion zeichnen und wirst erkennen, wie die Situation ist.

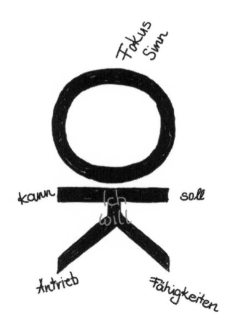

FINDE 7 EIGENSCHAFTEN DIE DICH AM BESTEN BESCHREIBEN UND NOTIERE DIESE.

WIE WÜRDEN DICH DEINE FREUNDE CHARAKTERISIEREN.

WO GIBT ES ÜBEREINSTIMMUNG? WO GIBT ES FEHLEINSCHÄTZUNGEN?

Erarbeite Dir Dein eigenes OK-Männchen
und stelle Dir die Fragen in folgender Reihenfolge:

BUSINESS TEAM

1. Was kann ich?

1. Fähigkeiten
ich, Mitarbeiter

2. Was sollte ich können?

2. Was
kann ich tun

3. Was will ich selbst?

3. Wer macht mit

4. Was treibt mich an?

4. Antrieb
Fans suchen

5. Was sind meine Fähigkeiten?

5. Soll
Ziele, Mittel, Wege

6. Was habe ich im Fokus?

6. Beobachten
Wahrnehmen

7. Was macht für mich Sinn?

7. Sinn
Erfahrungen
sammeln

ZEICHNE HIER DEIN OK-MÄNNCHEN

WER BIST **DU**?

WORAN **GLAUBST** DU?

WAS **BLEIBT**, WENN DU GEHST?

IST DIES DEIN **LEBEN**?

WOFÜR VERWENDEST DU DEINE **ZEIT**?

WER HAT DICH ZULETZT **INSPIRIERT**?

WAS WÜRDEST DU TUN, WENN DU KEINE **ANGST** HÄTTEST?

WAS MACHT DICH **GLÜCKLICH**?

WANN WIRD DIR **WARM** UMS HERZ?

WAS **MACHST** DU?

Wonach **suchst** Du?

Wann hast Du das letzte mal etwas zum **ersten** mal gemacht?

Wofür **brennst** Du?

Wer ist Dein **Vorbild**?

Was willst Du in **Zukunft** machen?

Was möchtest Du in Deinem **Leben** unbedingt noch **erreichen**?

Wo **stehst** Du in einem Jahr?

Wie geht's Dir **jetzt**?

Warum machst Du, was Du jetzt machst?

EI LOVE you

Hast Du das schon einmal zu Dir gesagt?

MEINE
KINDHEITSERINNERUNGEN

GEDANKENREISE IN MEINE VERGANGENHEIT.

DENK' ZURÜCK ALS DU NOCH KLEIN WARST, OHNE DIE KONDITIONIERUNG DURCH DIE SCHULE, DURCH DIE GESELLSCHAFT. ALS DU MIT EINER GROßEN PORTION MUT NIE AUFGEGEBEN HAST - EGAL, OB DU GESTÜRZT, GESCHEITERT BIST ODER AUSGELACHT WURDEST. EINFACH AUFSTEHEN UND AUF EIN NEUES PROBIEREN: SO FRECH SIND KINDER UND SIE HABEN WÜNSCHE UND TRÄUME, DIE WIR ERWACHSENE ALS VÖLLIG ÜBERZOGEN UND UNREALISTISCH EINSTUFEN WÜRDEN - DAHER KÖNNEN WIR VON KINDERN SEHR VIEL LERNEN UND KINDLICHE NEUGIER UND KONSEQUENZ WERDEN DIE ELIXIERE SEIN, DIE WIR FÜR EINE ERFOLGREICHE ZUKUNFT BENÖTIGEN.

DENK' MAL NACH:
WAS WOLLTEST DU ALS KIND IMMER WERDEN, WENN DU EINMAL GROß BIST?

WAS IST MEIN UNER-HÖRTER RUF?

MEIN GROßES VORBILD ALS KIND WAR...

Vergleiche
dich nicht
mit
Anderen!

WIR HÖREN NICHT AUF ZU SPIELEN,
WEIL WIR ÄLTER WERDEN;
WIR ALTERN, WEIL WIR AUFHÖREN ZU **SPIELEN.**

WANN BIST DU KINDISCH, WANN SPIELST DU UND WOMIT?

MENTOREN

Wer bestärkt Dich? Wer beschützt Dich? Wer unterstützt Dich?
Welche Menschen unterstützen Dich in Deinem Vorhaben?

„Ich mag die Art wie Du denkst!"

> DIE GRÖSSTEN MEISTER SIND JENE, DIE VON IHREN SCHÜLERN ÜBERTROFFEN WERDEN.

MENSCHEN DIE MICH GEPRÄGT HABEN

WAS BLIEB MIR IN ERINNERUNG? WAS HAT MIR GEHOLFEN?

WAS HABE ICH ÜBERNOMMEN? WAS HABE ICH LOSGELASSEN?

Ich kann's schon nicht mehr hören!

„Solange Du Deine Füße unter meinen Tisch stellst…"

„die anderen Kinder machen doch auch kein Theater"

„als ich so alt war wie Du, da habe ich …."

"Indianer kennt keinen Schmerz"

„Ich zähle jetzt bis 3"

„Probiert doch wenigstens mal."

„Wenn Du nicht sofort aufhörst, dann …"

„Warum muss ich alles dreimal sagen?"

„Wenn Du jetzt nicht kommst, gehe ich alleine."

„Wenn Andere aus dem Fenster springen, springst Du auch?"

„die anderen Kinder wären froh, wenn …."

„Was sagt man – DANKE!"

„vom vielen Fernsehen bekommst Du viereckige Augen"

„Warum muss ich immer alles alleine machen"

„Du bist aber nicht die Anderen"

„Dafür wirst Du mir noch einmal dankbar sein."

„Das macht man so nicht."

„Das verstehst Du noch nicht."

„Dann wird nix aus Dir"

„Das kannst Du nicht."

Kennst Du die eine oder andere brrrrrrr Aussage?

STREICHE DIE DURCH, DIE DIR NICHT BEKANNT SIND. REFLEKTIERE DIE BEKANNTEN SAGER UND ACHTE DARAUF, OB DIESE HEUTE BEI DIR AUCH NOCH GÜLTIGKEIT HABEN. NOTIERE HIER DEINE GEDANKEN DAZU.

M E I N E
GLAUBENSSÄTZE

WAS GLAUBST DU, WO LIEGT DEINE WAHRHEIT?

1. ERKENNE DEINE GLAUBENSSÄTZE UND NOTIERE DIESE

2. STIMMT DIESE ERINNERUNG HEUTE NOCH?

WER BIST DU?
WOHER KOMMST DU?

3. Wann war das anders, wie alt warst Du, wer warst Du?

MEINE
GEWOHNHEITEN

GEWOHNHEITEN SIND EINFACHER ALS MOTIVATION

WIR KENNEN DAS ALLE, DASS DIE VERÄNDERUNG VON GEWOHNHEITEN IMMER MIT DER ÜBERWINDUNG VON WIDERSTÄNDEN EINHERGEHT. ÜBERWINDUNG BEDEUTET, DASS WIR MEHR ENERGIE AUFBRINGEN MÜSSEN ALS NORMALERWEISE UND DAHER SOLLTEN WIR MOTIVIERT SEIN. SO WEIT SO KLAR – ABER KÖNNEN WIR MOTIVATION IMMER AUFRECHTERHALTEN? BESSER WÄRE ES, WENN WIR NEUE EIGENSCHAFTEN UND ABLÄUFE IN GEWOHNHEITEN ÜBERFÜHREN, WEIL DIE CHANCE DER BESTÄNDIGKEIT EINE WESENTLICH HÖHERE IST. WENN DU DIR AUCH MIT DISZIPLIN EHER SCHWERTUST, DANN IST EINE FEST ETABLIERTE ROUTINE (GEISTIGE TRAMPELPFADE) EIN GUTER SCHUMMEL-WEG, UM AUCH DEINEN EIGENEN INNEREN SCHWEINEHUND ZU ÜBERLISTEN.

ENTWICKLE NEUE GEWOHNHEITEN UND INTEGRIERE DIESE IN DEINEN ALLTAG.

IDEALERWEISE NIMMST DU BEREITS VORHANDENE MUSTER IN DEINEM LEBEN UND HÄNGST AN DIESE MUSTER NEUES VERHALTEN EINFACH AN. ZB. WENN DU IN DAS AUTO EINSTEIGST, REFLEKTIERST DU DIE LETZTE BESPRECHUNG. NACH DEM MITTAGESSEN HÄNGST DU EINEN SPAZIERGANG AN. NACH DEM ZÄHNEPUTZEN TRINKST DU EIN GLAS WASSER, BEVOR DU FRÜHSTÜCKST.

MIT DIESEM **ANHÄNGEVERFAHREN** MACHST DU ES DEINEM GEHIRN EINFACH, SICH DIE NEUEN TÄTIGKEITEN ZU MERKEN, WEIL ES AUF ALTBEKANNTES BEREITS AUFSETZT UND BEREITS VORHANDENE MUSTER NUR ERGÄNZT.

NOTIERE HIER DEINE GEWOHNHEITEN

MEINE
BEDÜRFNISSE

REFLEKTIERE UND NOTIERE DEINE BEDÜRFNISSE

1 SICHERHEIT UND GEBORGENHEIT

WIR ALLE BRAUCHEN SICHERHEIT, OBWOHL WIR WISSEN, DASS ABSOLUTE SICHERHEIT NICHT EXISTIERT.

2 ABWECHSLUNG UND HERAUSFORDERUNG

EIN LEBEN IN VOLLKOMMENER SICHERHEIT WÄRE SCHNELL LANGWEILIG. DESHALB BRAUCHEN WIR ABWECHSLUNG UND SUCHEN UNS HERAUSFORDERUNGEN. HÄUFIG PASSIERT ES, DASS WIR DIESE ALS „PROBLEM" WAHRNEHMEN.

3 ANERKENNUNG

JEDER WILL GEBRAUCHT UND ANERKANNT WERDEN. UNSER LEBEN SOLL EINE
BEDEUTUNG HABEN.

4 LIEBE UND VERBUNDENHEIT

EIN NEUGEBORENES KANN OHNE MENSCHLICHEN KÖRPERKONTAKT NICHT ÜBERLEBEN.
DER AUSTAUSCH MIT ANDEREN MENSCHEN FÖRDERT UNSER KÖRPERLICH-SEELISCHES
WACHSTUM.

5 Wachstum

Tief in uns steckt das Streben nach Weiterentwicklung und Wachstum, selbst wenn wir es vehement verdrängt haben.

6 Meinen Beitrag leisten

Anderen Menschen zu helfen, ihnen etwas zu geben, macht Menschen glücklich und zufrieden.

Die wahre Lebenskunst besteht darin,
im Alltäglichen das Wunderbare zu sehen.

MEINE
GEFÜHLSWAAGE

NIMM EINEN **MARKER** UND GEHE DIE BEGRIFFE DURCH UND MARKIERE SPONTAN, WELCHE BEGRIFFE ZU DIR ODER DEINER SITUATION ODER DEINEM VORHABEN PASSEN.

aggressiv AKZEPTIEREN **alarmiert** *AMBIVALENT* AMÜSIERT **angeekelt angespannt angreifend ängstlich angstschlotternd ärgerlich aufgebracht** AUFGEDREHT AUFGEREGT AUFGEWECKT *AUFGEWÜHLT* AUFMERKSAM AUFRICHTIG AUSGEGLICHEN AUSGELASSEN AUSGERUHT AUTHENTISCH **beängstigt bedrückt** BEEINDRUCKT **befangen** BEFLÜGELT BEFREIT **befremdet** BEFRIEDIGT BEGEISTERT BEGIERIG BEHAGLICH **beklommen bekümmert belastet** BELEBT **beleidigt** BELUSTIGT BERAUSCHT BERUHIGT BERÜHRT **beschämt** BESCHWINGT **besorgt** BESTÄNDIG **betroffen betrübt beunruhigt** BEWEGT **bezaubert blockiert bösartig** BRUMMIG *CHAOTISCH* COURAGIERT DANKBAR **deprimiert distanziert Durcheinander** ECHT EFFIZIENT **eifersüchtig** EIFRIG EINFALLSREICH EINLADEND **einsam ekelerfüllt** EMPFÄNGLICH **empfindlich empört** ENERGETISCH ENERGIEGELADEN **energielos** ENERGISCH ENGAGIERT ENTHUSIASTISCH ENTLASTET **entmutigt** *ENTSCHIEDEN* ENTSCHLOSSEN **entsetzt**

ENTSPANNT **enttäuscht** ENTZÜCKT ERFREUT ERFRISCHT ERFÜLLT
ERGEBEN ERGRIFFEN ERHEITERT ERLEICHTERT **ermüdet** ERMUNTERT
ERMUTIGT **ernüchtert** ERREGT **erschlagen** **erschöpft**
erschrocken ERSTAUNT ERWARTUNGSVOLL **erzürnt** EUPHORISCH
EXZELLENT FASZINIERT **feindlich** **feindselig** FEINSINNIG
feststeckend FREI FREUDIG FREUNDLICH FRIEDLICH FROH FRÖHLICH
frustriert FÜRSORGLICH GEBANNT GEBORGEN GEDULDIG GEEHRT
GEERDET GEFASST GEFESSELT **gehässig** **gehemmt** **geladen**
gelangweilt GELASSEN GELIEBT *GELÖST* GEMÜTLICH **gereizt** GERÜHRT
GESCHÜTZT GESEGNET GESELLIG GESPANNT **gestört** *GESTRESST*
GESUND **gewalttätig** **gleichgültig** GLÜCKLICH GLÜCKSELIG **grantig**
GROßARTIG GROßZÜGIG GÜTIG HARMONISCH **hasserfüllt** HEITER
HELLWACH **herabgewürdigt** HERZLICH **hilflos** HINGERISSEN
hitzköpfig HOCHERFREUT **hoffnungslos** HOFFNUNGSVOLL
hundsmiserabel INSPIRIERT *INTELLEKTUELL* INTELLIGENT
INTERESSIERT *IRRITIERT* **jämmerlich** JUGENDLICH **kalt** KINDLICH KLAR
KOMMUNIKATIV KONSTRUKTIV KONTAKTFREUDIG *KONTROLLIEREND*
KOOPERATIV **kraftlos** KRAFTVOLL KREATIV **kribbelig** *KRITISCH* KÜHN
launisch LEBENDIG LEBENSLUSTIG LEBHAFT LEICHT LEIDENSCHAFTLICH
LIEBEVOLL LOCKER LUSTIG **lustlos** LUSTVOLL **masochistisch**
MEDITATIV *MELANCHOLISCH* **missmutig** **misstrauisch** MOTIVIERT
müde MUNTER **mürrisch** MUTIG **mutlos** NACHDENKLICH
nachtragend **neidisch** **nervös** NEUGIERIG **niedergeschlagen**
niederträchtig OFFEN **ohnmächtig** OPTIMISTISCH **panisch peinlich**

pessimistisch PRÄSENT PRIVILEGIERT PRODUKTIV **rachsüchtig**

rasend ratlos RESPEKTVOLL *RUHELOS* RUHIG **sadistisch** SANFT SATT

sauer scheu scheußlich schläfrig schlapp schockiert

SCHÜCHTERN **schuldig schwermütig schwunglos** SCHWUNGVOLL

selbstkritisch SELBSTSICHER **selbstverachtend** SELIG SENSIBEL

SICHER **skeptisch** SONNIG SORGENFREI SORGLOS SPONTAN STABIL STOLZ

STRAHLEND **streitlustig** STRESSFREI SÜß TAPFER TATKRÄFTIG

TEILEND TOLERANT **träge traurig überfordert** ÜBERGLÜCKLICH

überlastet ÜBERMÜTIG ÜBERRASCHT ÜBERSCHÄUMEND

ÜBERSCHWÄNGLICH ÜBERWÄLTIGT *ÜBERZEUGT* **unangenehm**

unbehaglich UNBEKÜMMERT UNBESCHWERT **unbeteiligt**

UNENTSCHLOSSEN UNERSCHÜTTERLICH **ungeduldig ungehalten**

ungemütlich *UNGEWISS* UNGEZWUNGEN **unglücklich unklar**

unnahbar unruhig UNSCHULDIG **unsicher unwohl unzufrieden**

verängstigt verärgert VERBLÜFFT VERGNÜGT **verkrampft**

VERLEGEN **verletzt** VERLIEBT *VERLOREN* **verrückt verschlafen**

verschlossen VERSPIELT VERSTÄNDNISVOLL **verstimmt verstört**

VERTRAUENSVOLL **verunsichert verwirrt** VERWUNDERT **verzagt**

VERZAUBERT VERZÜCKT VOLLKOMMEN VOLLWERTIG **vorwurfsvoll** WACH

WAHNSINNIG WARMHERZIG WISSBEGIERIG WOHL *WOLLÜSTIG* WUNDERSCHÖN

wütend zappelig ZÄRTLICH **zermürbt zerrissen zögerlich**

ZÖGERND ZORNIG ZUFRIEDEN ZUGÄNGLICH ZUGENEIGT ZUGEWANDT

ZUHÖREND ZULASSEND **zurückgewiesen** ZUTRAULICH *ZWEIFELND*

zynisch *ALBERN* ANGEREGT **arrogant** ZUVERSICHTLICH

Negativ (-)　　　　　　　　　　　　　**POSITIV (+)**

> > > GEFÜHLS<u>BILANZ</u>-WAAGE < < <

ADDIERE JETZT DIE MARKIERTEN **chaotischen, negativen** BEGRIFFE (zB. **aggressiv**) UND DIE ANDEREN, POSITIVEN BEGRIFFE (ZB..AKZEPTIEREN) UND TRAGE DIE SUMME BEI DER GEFÜHLSBILANZWAGE UNTEN EIN. WIE SIEHT ES MIT DEINER BALANCE AUS? WELCHE SEITE WIEGT MEHR, WELCHE WENIGER?.

LEICHTGEWICHT

SCHWERGEWICHT

TIPP

ES IST FÜR DEINE ZUKUNFT UND DIE ZIELUMSETZUNG WICHTIG, DASS DU

→ **DEINE STÄRKEN (+) WEITER AUSBAUST** (MEHR ENERGIE INVESTIERST)

→ **SCHWÄCHEN (-) AKZEPTIERST UND VERSUCHST ZU VERBESSERN.**

FÜR EINE GESUNDE BALANCE SIND JEDOCH IMMER BEIDE SEITEN NÖTIG UND UNSERE „SCHWÄCHEN", KÖNNEN DURCHAUS IN MANCHEN SITUATIONEN GUT UND SINNVOLL FÜR UNSER TUN UND HANDELN SEIN.

ORIENTIERUNG

ERLEBNIS ORIENTIERT **ERGEBNIS** ORIENTIERT

Wie tickst Du? Überlege einmal, wodurch Dein Handeln und Tun geprägt ist, was sind die Auslöser, Triebfedern - warum machst Du etwas, oder auch nicht machst.

In welchen Situationen bist Du **ERGEBNISORIENTIERT**?

IN WELCHEN SITUATIONEN BIST DU
ERLEBNISORIENTIERT?

MEINE
TALENTE & DIE BLINDE KUH

WER KENNT DAS NICHT: OFTMALS HABEN WIR ABSOLUT KEINE AHNUNG, WELCHE TALENTE, STÄRKEN UND SOMIT CHANCEN IN UNS SCHLUMMERN. WARUM IST DAS EIGENTLICH SO? SEIT UNSERER KINDHEIT - DAHEIM, IM KINDERGARTEN, IN DER SCHULE - WERDEN WIR DARAUF KONDITIONIERT, KEINE FEHLER ZU MACHEN. SCHWÄCHEN UND FEHLER SIND „SCHLECHT" UND GEHÖREN MÖGLICHST VERMIEDEN UND AUSGEMERZT. DIESER FOKUS FÜHRT DAZU, DASS WIR ALLE ENERGIE IN DAS VERMEIDEN VON FEHLERN SETZEN, STATT UNS DEM STÄRKEN DER STÄRKEN ZUZUWENDEN.

WENN EIN KIND IN EINEM GEGENSTAND IN DER SCHULE NICHT GUT VORANKOMMT, BEKOMMT ES NACHHILFE. BEKOMMT ES AUCH FÖRDERUNG, WENN ES IN EINEM FACH BESONDERS GUT IST, UM HIER EXZELLENT ZU WERDEN? WAS WÄRE MÖGLICH, WENN WIR ETWAS MEHR UNSERER ENERGIE IN UNSERE TALENTE STECKEN WÜRDEN UND SO MEHR MUT UND VERTRAUEN IN UNS HÄTTEN, AUS UNSEREN FEHLERN LERNEN ZU DÜRFEN. DENN BEKANNTLICH MACHT MAN DOCH JEDEN FEHLER NUR EINMAL.

STÄRKE DEINE STÄRKEN UND AKZEPTIERE DEINE SCHWÄCHEN!

TALENTE-REFLEXION

WO LIEGEN DEINE TALENTE?

1. WAS FÄLLT DIR BESONDERS LEICHT?

2. WAS MACHT DIR GROßEN SPAß?

3. WAS KANNST DU ANDEREN MENSCHEN ZEIGEN, BEIBRINGEN?

4. WAS HAST DU ALS KIND GELIEBT, WAS KONNTEST DU SEHR GUT?

5. WAS SCHREIBEN ANDERE DIR ZU?

ÜBERLEGE DIR, WAS DU VON DIR SELBST KENNST UND VERSUCHE DAS UNBEKANNTE ZU ERFORSCHEN, INDEM DU MIT ANDEREN MENSCHEN DEIN BUCH REFLEKTIERST.

SICHTBAR für ALLE
"Ich bin eine Kuh."

mir bekannt

Anderen bekannt

FEEDBACK

MEHR ERFAHREN

MEHR MITTEILEN

ICH

UNSICHTBAR/mein Geheimnis
"wenn Die wüssten
wer ICH bin."

mir bekannt

Anderen unbekannt

SICHTBAR für Andere
BLINDE KUH / BLINDER FLECK
"Wir sollten ihr sagen, dass sie
eine Kuh ist."

mir unbekannt

Anderen bekannt

unbekannt

mir unbekannt

Anderen unbekannt

MEINE
BEZIEHUNGEN (3F's)

Familie + Freunde + Firma

WIE HÄLTST DU BALANCE ZWISCHEN FAMILIE, FREUNDEN UND BERUF (FIRMA)?

DU BIST DAS ZENTRUM DEINES LEBENS UND DAS IST GUT UND RICHTIG SO. ES IST WICHTIG, DASS DU WEISST, WER DU BIST, WAS UND WEN DU LIEBST, WAS DU MACHEN MÖCHTEST UND WARUM DU TUST, WAS DU TUST. WENN DU DARAUF ACHTEST, DIE BALANCE ZWISCHEN DEN BEREICHEN FAMILIE, FREUNDE UND BERUF ZU HALTEN, KANNST DU EIN GLÜCKLICHES UND AUSGEWOGENES LEBEN FÜHREN.

WER IST FÜR MICH DA?
ÜBERLEGE, WELCHE MENSCHEN FÜR DICH DA SIND, WENN ES FÜR DICH SCHWIERIG WIRD, WENN DU RAT UND HILFE BRAUCHST. NOTIERE DIR MIND. 3 NAMEN JE RUBRIK.

WIE VERWENDEST DU DEINE ZEIT?
WIEVIEL ZEIT WOFÜR?
1. FÜR DICH
2. FÜR DEINE FAMILIE
3. FÜR DEINE FREUNDE
4. FÜR DEINE FIRMA / BERUF

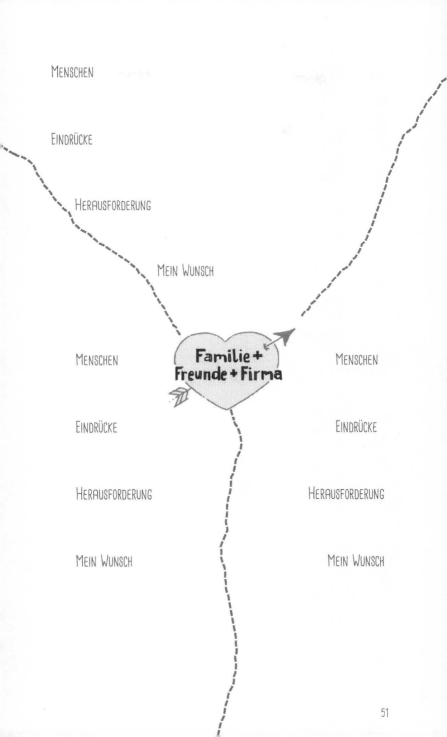

MENSCHEN

EINDRÜCKE

HERAUSFORDERUNG

MEIN WUNSCH

MENSCHEN

EINDRÜCKE

HERAUSFORDERUNG

MEIN WUNSCH

Familie + Freunde + Firma

MENSCHEN

EINDRÜCKE

HERAUSFORDERUNG

MEIN WUNSCH

MIT WELCHEN MENSCHEN STEHST DU WIE IN BEZIEHUNG

ÜBERLEGE DIR JE BLUME DIE FÜR DICH PRÄGENDSTEN 4 MENSCHEN.

TRAGE IN DER MITTE <u>DEINEN NAMEN</u> EIN UND NOTIERE IN DEN EINZELNEN
BEZIEHUNGSBLÄTTERN DIE <u>NAMEN DER RELEVANTEN BEZUGSPERSONEN</u>:
NOTIERE ERINNERUNGEN, GEDANKEN ZU DIESEN MENSCHEN. WIE STEHEN DIESE
PERSONEN MIT DIR IN VERBINDUNG, WIE HABEN DIESE DICH IN DEINER
ENTWICKLUNG GEFÖRDERT, WELCHE WERTE, POSITIVEN GEDANKEN (+) KONNTEST
DU FÜR DICH MITNEHMEN? WO GIBT ES VIELLEICHT SOGAR EINE NEGATIVE
ABHÄNGIGKEIT (ZEICHNE DIESE MIT „-" EIN) ?

BEZIEHUNGSBLUME FAMILIE

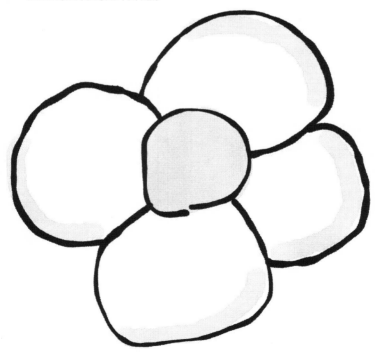

BEZIEHUNGSBLUME FREUNDE

BEZIEHUNGSBLUME FIRMA / BERUF

MEIN
LEBENSBAUM

Der Lebensbaum ist eine Metapher für Dein Leben und er hilft Dir dabei einen sehr guten Überblick zu bekommen, woher Du kommst, wo Du bist und wohin Du gehen möchtest.

1. **Standpunkt und Standort:** Wo steht Dein Baum?

2. **Wurzeln:** Das sind Deine Kraftquellen, Deine Ressourcen, was Dir guttut, wo kommst Du her, welche Erfahrungen hast Du gemacht. Was sind Deine Wurzeln?

3. **Stamm:** Das Kernholz zeigt, wo Du heute stehst, was macht Dich derzeit aus mit all Deinen Lebensringen (hell oder Dunkel)

4. **Baumkrone:** Deine Zukunft, Dein Wachstum, welche Ziele hast Du, wo möchtest Du Dich hin entwickeln, was möchtest Du verändern, welche Ideen und Visionen hast Du?

5. **Die Würmer und Parasiten:** Welche Hindernisse gibt es

6. **Deine Früchte**
   Was soll das Ergebnis sein und was möchtest Du einmal ernten bzw. auch weitergeben.

Zeichne hier möglichst exakt Deinen persönlichen Lebensbaum

MEIN
SCHWEINEHUND

MEIN SCHLAUER LEBENSBEGLEITER.

DEIN SCHWEINEHUND IST SEHR SCHLAU UND ER WIRD DIR VIELE ARGUMENTE LIEFERN WARUM DU DAS JETZT NOCH NICHT, NICHT IN DIESER ART, NICHT UNTER DIESEN UMSTÄNDEN, NICHT MIT DIESEN MENSCHEN,... ANGEHEN UND UMSETZEN KANNST. DU BRAUCHST EINEN GUTEN PLAN UND EIN KLARES ZIEL, UM IHN ZU ÜBERLISTEN.

IN WELCHEN SITUATIONEN MELDET SICH DEIN SCHWEINEHUND?

WELCHE TIPPS UND RATSCHLÄGE GIBT ER DIR IN DIESEN SITUATIONEN?

SEI BEREIT ZU SCHEITERN!

„Je intelligenter der Mensch,
desto raffinierter seine Ausreden."

ENTSCHULDIGE

ABER

MIR STEHT DER
SCHWEINEHUND
IM WEG.

Dein Schweinehund

wendet folgende Fluchtstrategien an.

ABLENKUNGEN
Aufräumen, putzen,
telefonieren, lesen,
reden, Kaffee
trinken, in Stimmung
kommen, Nachrichten,
Post machen, mit
Freunden reden,
anderes vorziehen,...

1. Rechtfertigung und Schuldzuweisung lösen nie ein Problem.

2. Einfach Totstellen und nix machen führt zum Erstarren.

3. Durch Flucht hofft man, Stress zu vermeiden, weil kurzzeitig der Druck abnimmt; funktioniert leider nicht!

WAS WÄRE FÜR DICH EINE WIRKLICHE HERAUSFORDERUNG?
WIE KÖNNTEST DU DEINEN SCHWEINEHUND ÜBERLISTEN?

MEINE
LIEBE & GESCHICHTEN

DIE ENTSCHEIDUNG OB DU WIRKLICH LIEBENSWERT BIST, SOLLTEST DU NUR DIR SELBER ÜBERLASSEN UND SONST NIEMANDEM.

DIE INSEL DER GEFÜHLE

VOR LANGER ZEIT EXISTIERTE EINMAL EINE WUNDERSCHÖNE, KLEINE INSEL. AUF DIESER INSEL WAREN ALLE GEFÜHLE DER MENSCHEN ZU HAUSE: DER HUMOR UND DIE GUTE LAUNE, DIE TRAURIGKEIT UND DIE EINSAMKEIT, DAS GLÜCK UND DAS WISSEN UND ALL DIE VIELEN ANDEREN GEFÜHLE. NATÜRLICH LEBTE AUCH DIE LIEBE DORT.

EINES TAGES WURDE DEN GEFÜHLEN JEDOCH ÜBERRASCHEND MITGETEILT, DASS DIE INSEL SINKEN WÜRDE. ALSO MACHTEN ALLE IHRE SCHIFFE SEEKLAR, UM DIE INSEL ZU VERLASSEN. NUR DIE LIEBE WOLLTE BIS ZUM LETZTEN AUGENBLICK WARTEN, DENN SIE HING SEHR AN IHRER INSEL. BEVOR DIE INSEL SANK, BAT DIE LIEBE DIE ANDEREN UM HILFE.

ALS DER REICHTUM AUF EINEM SEHR LUXURIÖSEN SCHIFF DIE INSEL VERLIESS, FRAGTE IHN DIE LIEBE: "REICHTUM, KANNST DU MICH MITNEHMEN?" "NEIN, ICH KANN NICHT. AUF MEINEM SCHIFF HABE ICH SEHR VIEL GOLD, SILBER UND EDELSTEINE. DA IST KEIN PLATZ MEHR FÜR DICH."

ALSO FRAGTE DIE LIEBE DEN STOLZ, DER AUF EINEM WUNDERBAREN SCHIFF VORBEIKAM. "STOLZ, BITTE, KANNST DU MICH MITNEHMEN?" "LIEBE, ICH KANN DICH NICHT MITNEHMEN", ANTWORTETE DER STOLZ, "HIER IST ALLES PERFEKT UND DU KÖNNTEST MEIN SCHÖNES SCHIFF BESCHÄDIGEN."

ALS NÄCHSTES FRAGTE DIE LIEBE DIE TRAURIGKEIT: "TRAURIGKEIT, BITTE NIMM DU MICH MIT." "OH LIEBE", SAGTE DIE TRAURIGKEIT, "ICH BIN SO TRAURIG, DASS ICH ALLEIN BLEIBEN MUSS."

ALS DIE GUTE LAUNE LOSFUHR, WAR SIE SO ZUFRIEDEN UND AUSGELASSEN, DASS SIE NICHT EINMAL HÖRTE, DASS DIE LIEBE SIE RIEF.

PLÖTZLICH ABER RIEF EINE STIMME: "KOMM LIEBE, ICH NEHME DICH MIT." DIE LIEBE WAR SO DANKBAR UND SO GLÜCKLICH, DASS SIE GANZ UND GAR VERGAß, IHREN RETTER NACH SEINEM NAMEN ZU FRAGEN. SPÄTER FRAGTE DIE LIEBE DAS WISSEN: "WISSEN, KANNST DU MIR VIELLEICHT SAGEN, WER ES WAR, DER MIR GEHOLFEN HAT?" "JA SICHER", ANTWORTETE DAS WISSEN, "DAS WAR DIE ZEIT." "DIE ZEIT?" FRAGTE DIE LIEBE ERSTAUNT, "WARUM HAT MIR DIE ZEIT DENN GEHOLFEN?" UND DAS WISSEN ANTWORTETE:

"WEIL NUR DIE ZEIT VERSTEHT, WIE WICHTIG DIE LIEBE IM LEBEN IST."

(VERFASSER UNBEKANNT)

„Glück hängt nicht davon ab, wer Du bist, oder was Du hast. Es hängt davon ab, was Du denkst."
Dale Carnegie

„Liebe gibt nichts als sich selbst und nimmt nichts als von sich selbst. Liebe besitzt nicht, noch lässt sie sich besitzen; denn die Liebe genügt der Liebe."
Khalil Gibran

Die zwei Schüsseln

Es war einmal eine alte chinesische Frau, die zwei große Schüsseln hatte, welche von den Enden einer Stange hingen, die sie über ihren Schultern trug. Eine der Schüsseln hatte einen Sprung, während die andere makellos war und stets eine volle Portion Wasser fasste ...

Am Ende der langen Wanderung vom Fluss zum Haus der alten Frau, war die Schüssel mit dem Sprung jedoch immer nur noch halb voll.

Zwei Jahre lang geschah dies täglich: die alte Frau brachte immer nur anderthalb Schüsseln Wasser mit nach Hause. Die makellose Schüssel war natürlich sehr stolz auf ihre Leistung, aber die arme Schüssel mit dem Sprung schämte sich wegen ihres Makels und war betrübt, dass sie nur die Hälfte dessen verrichten konnte, wofür sie gemacht worden war.

Nach zwei Jahren, die ihr wie ein endloses Versagen vorkam, sprach die arme Schüssel zu der alten Frau: "Ich schäme mich so wegen meines Sprungs, aus dem den ganzen Weg zu deinem Haus immer Wasser läuft."

Die alte Frau lächelte.

"Ist dir aufgefallen, dass auf deiner Seite des Weges Blumen blühen, aber auf der Seite der makellosen Schüssel nicht?" "Ich habe auf deiner Seite des Pfades Blumensamen gesät, weil ich mir deines Fehlers bewusst war. Nun gießt du sie jeden Tag, wenn wir nach Hause laufen. Zwei Jahre lang konnte ich diese wunderschönen Blumen pflücken und den Tisch damit schmücken. Wenn du nicht genauso wärst, wie du bist, würde diese Schönheit nicht existieren und unser Haus beehren." (Verfasser unbekannt)

Die zwei Wölfe

Ein alter Indianer saß mit seinem Enkelsohn am Feuer. Nach einer langen Weile des Schweigens sprach er bedächtig: „In meinem Herzen wohnen zwei Wölfe. Der eine ist grausam, gierig, gewalttätig und machtbesessen. Der andere ist sanftmütig und edel, auf das Wohl seines Rudels bedacht und freigiebig. Diese beiden befinden sich im ständigen Kampf miteinander." Der Junge fragte: „Und welcher von den beiden wird den Sieg davontragen?" Der Alte antwortete: „Es kommt darauf an, welchen ich füttere."

(Verfasser unbekannt)

Der Suchende

Es war einmal ein Mann, der suchte nach einer Lösung für sein Problem, konnte sie aber nicht finden. Er fahndete immer heftiger, immer verbissener, immer dringlicher und fand sie nirgends. Die Lösung ihrerseits war inzwischen schon ganz außer Atem. Es gelang ihr einfach nicht, den Suchenden einzuholen, bei dem Tempo, mit dem er hin und her raste, ohne auch nur einmal zu verschnaufen oder sich umzusehen.

Eines Tages brach der Mann mutlos zusammen, setze sich auf einen Stein, legte den Kopf in die Hände und wollte sich eine Weile ausruhen.

Die Lösung, die schon gar nicht mehr daran geglaubt hat, dass der Suchende einmal anhalten würde, stolperte mit voller Wucht über ihn. Und er fing auf, was da so plötzlich über ihn hereinbrach und entdeckte erstaunt, dass er seine Lösung in den Händen hielt. (Eine Zen-Geschichte)

Es ändert
sich nichts,
bevor DU
Dich nicht selbst
änderst,
dann ändert sich
jedoch alles.

Geh'
Deinen
Weg.

Es ist Zeit, nach vorne zu schauen,
aufzubrechen und den neuen Weg gehen.

LOS GEHT'S!

HEUTE
IST EIN WICHTIGER
T A G
ES BEGINNT
DER REST DEINES
L E B E N s.

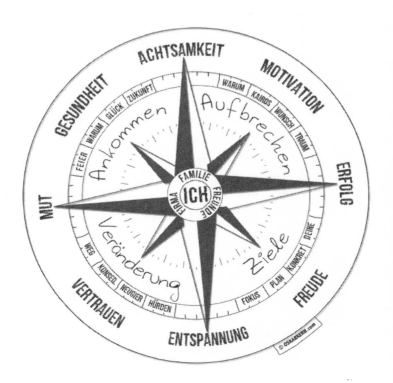

1

AUFTAUENBRECHEN

WOHIN SOLL DIE REISE GEHEN? WAS BEWEGT DICH? WARUM JETZT EINE REISE? WER, WAS RUFT DICH? WOHIN WIRST DU GERUFEN? WAS IST DEIN UNERHÖRTER RUF?

DER RUF KOMMT ENTWEDER VON AUSSEN, EINEM EREIGNIS, ODER VON DEINEM INNEREN SELBST. HÖRE DIR SELBER GENAU ZU, SCHAU DORTHIN WO DIE PEINLICHEN DINGE IN DEINEM LEBEN SIND, DENN DAS SIND JENE PUNKTE UND LEBENSSITUATIONEN WORAUS DU AM MEISTEN LERNEN KANNST - DORT TRIFFST DU AUCH DEINEN EIGENEN INNEREN SCHWEINEHUND.

GEDANKEN-GRENZEN ÜBERWINDEN

„Am Ende wird alles gut,
und wenn es nicht gut ist,
dann ist es auch nicht das Ende."

Oscar Wilde

GEGENWART VERLIERT
AN WERT & AUF DIE
ZUKUNFT KÖNNEN WIR
UNS IMMER WENIGER
VORBEREITEN.

GEFÜHLSBAROMETER

HILFT DIR BEIM ERKENNEN VON VERÄNDERUNGSWÜNSCHEN

MIT WELCHEN SITUATIONEN ODER GEFÜHLEN BIST DU NICHT ZUFRIEDEN?
WAS MÖCHTEST DU ANSEHEN, DIR BEWUSST MACHEN UND ÄNDERN?
DAS MÖCHTE ICH VERÄNDERN. NOTIERE HIER DIE SITUATION, DEIN GEFÜHL,…

1 DEINE SITUATION, GEDANKEN, ERINNERUNG, PROBLEME,….

SCHREIBE DIE SITUATION MÖGLICHST EXAKT AUF. SUCHE EINEN ÜBERBEGRIFF (TITEL)
DER DIE SITUATION ZUSAMMENFASST. ZEICHNE DEN PUNKT MIT XY-ACHSE EIN.

2 HERZLINIE (Y-ACHSE)

ÜBERLEGE DIR, WELCHE GEFÜHLE DU JETZT HAST, WENN DU DICH DARAN ERINNERST.
SIND DEINE GEFÜHLE DIESBEZÜGLICH POSITIV ODER NEGATIV? MAL DIE KÄSTEN
ENTSPRECHEND DER AUSPRÄGUNG AN. 100% BEDEUTET SEHR STARKE (POSITIVE,
NEGATIVE) GEFÜHLE.

3 SCHWEINEHUNDLINIE (X-ACHSE)

ÜBERLEGE DIR, WIE SEHR DU DIESE SITUATION ÄNDERN MÖCHTEST. MÖCHTEST DU
SIE NICHT VERÄNDERN ODER SOFORT VERÄNDERN? ZEICHNE DIE AUSPRÄGUNG IM
DIAGRAMM EIN.

TITEL/THEMA:

BESCHREIBUNG:

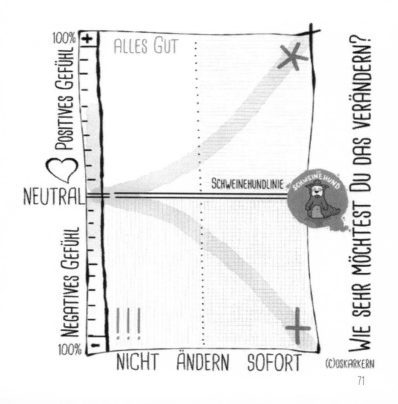

KERNSPALTUNG
KNOWHOWWHY

WARUM MACHST DU, WAS DU MACHST?

WAS WILLST DU EIGENTLICH? OFT SETZEN WIR UNS ZIELE UND WISSEN EIGENTLICH NICHT, WARUM WIR DIESE ERREICHEN SOLLEN. WIR WISSEN NICHT, OB DIESE ZIELE WIRKLICH UNSERE ZIELE SIND, ODER OB SIE UNS NUR VON AUßEN VORGEGEBEN SIND. BEVOR WIR IM LEBEN ENTSCHEIDUNGEN TREFFEN, IST ES DAHER UNABDINGBAR ZU KLÄREN, WARUM WIR GENAU SO UND NICHT ANDERS AGIEREN. ERST DANACH MACHT ES SINN, SICH ÜBER DAS WIE, WER, WAS UND WO GEDANKEN ZU MACHEN. BEIM WARUM GEHT ES DARUM, DASS DU DEINE EIGENEN MOTIVE VERSTEHST, WEIL DIESE GEMEINSAM MIT DEINEN ZIELEN - BEKANNTE ODER UNBEKANNTE - DEIN HANDELN BEEINFLUSSEN. DAS WARUM HILFT DIR AUCH DABEI, BEWUSSTE UND UNBEWUSSTE KRÄFTE ZU MOBILISIEREN. SOMIT KANNST DU NOCH LEICHTER DAS ERREICHEN, WORAUF DU GERADE IM MOMENT DEINEN FOKUS SETZT.

KNOWHOW IST WICHTIG ABER
KNOWWHY IST ENTSCHEIDEND.

„System ist keine real existierende Sache, sondern entsteht im Auge des Betrachters."

„Erweitere Deinen Horizont mit Mut, Vertrauen und Offenheit! Du musst ja nicht gleich alles umsetzen, aber kannst mal reinschnuppern und Veränderungsszenarien durchspielen, bis Dich das Richtige findet."
Monika Erkinger

ZEITSPALTUNG + WHY

SELBSTCOACHING-TIPP:

NIMM DEIN HANDY UND MACH DIR IN DEINEM KALENDER EINEN SERIENTERMIN MIT EINEM SCHÖNEN KLINGELSIGNAL, MIT DER BEZEICHNUNG **"WARUM MACH ICH DAS?"** DIESER TERMIN SOLLTE ALLE 2 STUNDEN EINMAL ERTÖNEN - ER WIRD DICH DARAN ERINNERN, DASS DU DEIN TUN REFLEKTIERST UND DABEI LERNST, UNSINNIGES ZU LASSEN, ZU ERKENNEN, WAS VON DIR GEWOLLT UND BEEINFLUSST IST UND WAS ANDERE DIR AUFTRAGEN. SETZE DEN TERMIN AUF EINE LUSTIGE ZEIT: ZB. 07:07 UHR, 09:07 UHR, 11:07 UHR, 13:07 UHR, 15:07 UHR, …
NOTIERE IM HANDY, ODER HIER, DEINE ERFAHRUNGEN MIT DEINEM
WARUM-TERMIN.

STELLE DIR FOLGENDE FRAGEN,
UM DAS THEMA, DIE PROBLEMATIK UND DEN STANDPUNKT ZU BESTIMMEN:

WAS SOLL DAS?   WAS MACH ICH DA ÜBERHAUPT

WO STEHT DAS?   DASS ICH DAS SO MACHEN SOLL

WER SAGT DAS?   HAT JEMAND DAS WIRKLICH GESAGT, WER?

WIE LÖSEN WIR DAS?   WIE KÖNNTE EINE LÖSUNG AUSSEHEN

Warum?

KAIROS

Es ist so weit! Sie ist da, hier und jetzt: die günstigste Gelegenheit. Du hast jetzt, genau jetzt, die Chance Deinem Leben eine entscheidende Wende zu geben. Kairos, die jugendliche Gottheit der griechischen Mythologie, steht für den gottgegebenen Zeitpunkt Deinen Auftrag zu erfüllen. Packst Du sie und damit ihn am Schopf, die Gelegenheit, oder lässt Du sie ungenützt verstreichen. Vertraust Du Kairos, der Dich mit seinen vier zarten Flügeln sicher in einen Neuanfang begleitet. Schnell greif zu, denn der Moment ist flüchtig und Kairos ist schneller vorbeigehuscht, als Du ihn wahrnehmen kannst. Noch hält er gerade inne, urteilt nicht. Ihm ist egal, wer oder was Du bist oder darstellst. Er ist der wahre Gerechte, der allen Menschen Hoffnung gibt. Es ist an Dir ihn zu erkennen und Dich von ihm mitreißen zu lassen. Deine Entscheidung, Deine Gelegenheit, Dein Neuanfang. Jetzt!

Was sind Deine Entscheidungen, Deine Entscheidungspunkte, Deine Sollte-Entscheidungen und Deine will-ich-bald-entscheiden, Deine NICHT-Entscheidungen?

„Lerne günstige Gelegenheiten zu erkennen,
um Sie dann engagiert und mutig zu ergreifen."

ES IST BESSER, UNVOLLKOMMENE ENTSCHEIDUNGEN DURCHZUFÜHREN ALS
BESTÄNDIG NACH VOLLKOMMENEN ENTSCHEIDUNGEN ZU SUCHEN,
DIE ES NIEMALS GEBEN WIRD.

DENKEN
GEFÜHLE
WORTE
TUN

Traum-Bestseller

Was sind Deine Träume? Was träumst Du, wenn Du wach bist?

Zeichne und beschreibe Deinen Traum, Dein Ziel, Deine Leidenschaft, Deinen Wunsch, Deine Sehnsucht. Dein **Traum wird ein Bestseller** und deshalb solltest Du jetzt schon das Buchcover gestalten. Wie sieht Dein Traum aus? Welchen Titel wird das Buch haben? Welche Farbe hat das Cover? Welche Menschen werden dieses Buch kaufen?

INNOVATION

BEOBACHTEN,
IDEEN SAMMELN
UND KONKRETISIEREN,
AUSPROBIEREN.

GESTALTE HIER DAS BUCHCOVER VON DEINEM BESTSTELLER
DEINER ZUKUNFTS- UND TRAUMGESCHICHTE.

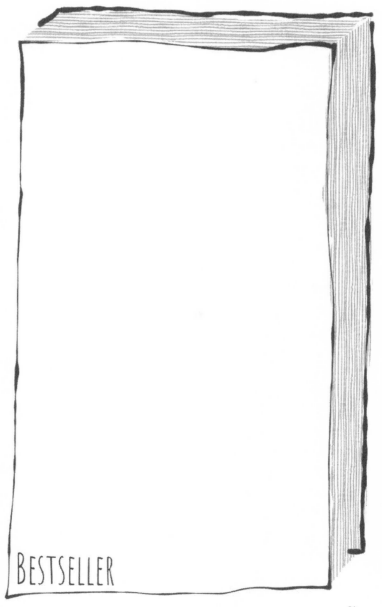

BESTSELLER

Traumdeuter

Gisela Rieger

Vor hunderten von Jahren maßen die Menschen im Orient ihren Träumen eine ganz besondere Bedeutung zu. Daher gab es zu jener Zeit viele Traumdeuter, welche diese als Weissagungen und Prophezeiungen zu erklären wussten.

So trug es sich zu, dass ein Sultan einen beängstigenden Traum hatte. Er träumte, dass er all seine Zähne verlieren würde. Beunruhigt ließ er einen Traumdeuter zu sich rufen. Sorgenvoll hörte dieser des Sultans Schilderung an. »Leider muss ich Dir eine traurige Mitteilung machen«, sagte der Deuter. »Du wirst, genau wie deine Zähne, all deine Angehörigen verlieren!«

Diese Weissagung erregte des Sultans Zorn und er bezeichnete den Traumdeuter als Scharlatan und ließ ihn in den Kerker werfen. Der Sultan ließ umgehend einen weiteren Traumdeuter zu sich kommen. Auch er ließ sich des Sultans Traum erzählen und sagte: »Ich bin glücklich, Dir eine freudige Botschaft zu übermitteln! Du wirst älter werden als all deine Angehörigen, du wirst sie alle überleben!«

Der Sultan erfreute sich an dessen Botschaft und belohnte ihn reich. Der Schatzmeister war darüber sehr verwundert und fragte den Traumdeuter: »Du hast dem Sultan eigentlich nichts anderes gesagt als dein armer Vorgänger. Wie kann es zugehen, dass jener im Kerker sitzt, während Du fürstlich beschenkt wirst?«

Der belohnte Traumdeuter antwortete: »Beide haben wir des Sultans Traum gleich gedeutet. Letztendlich kommt es nicht nur darauf an, was man sagt, sondern auch, wie man es sagt!«

WAS IST DEIN TRAUM?

Wer das
ZIEL kennt,
kann entscheiden.
Wer entscheidet,
findet Ruhe.
Wer Ruhe findet,
ist sicher.
Wer sicher ist,
kann überlegen.
Wer überlegt,
kann verbessern.

KONFUZIUS

Es ist nie zu spät,

so zu sein,

wie man es gerne

gewesen wäre.

George Eliot

WO MÖCHTE ICH HIN, WAS MACHT MIR FREUDE,
WAS WILL ICH IN ZUKUNFT MACHEN?

NEU**GIER** + KONSEQUENZ

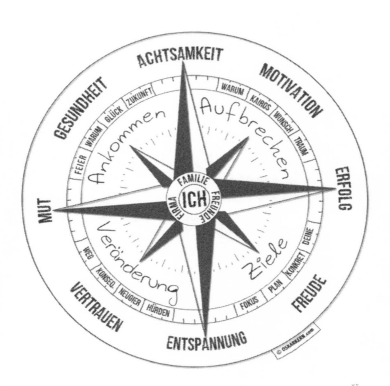

MEINE ZIELE

Welche Ziele, Sehnsüchte, hast Du?

Male, skizziere, notiere hier Dein Zielbild und beschreibe es. Deine Ziele müssen so groß sein, dass Du sie beim Stolpern auch noch immer siehst, damit das Aufstehen und Weitermachen einfacher wird.

„Wer all seine Ziele erreicht,
hat sie zu niedrig gewählt."

Ziele erreichen

Geht sehr oft auch ohne Plan

Als Kind hast Du Ziele einfach erreicht, ohne sie Dir vorher gesetzt zu haben. Du hast Tag für Tag ganz natürlich dazugelernt. Du warst innovativ und risikobereit und hast Dich durch Niederlagen nicht verschrecken lassen, sondern bist einfach drangeblieben. So hast Du krabbeln, laufen, gehen, sprechen, … gelernt. Wir Erwachsene können von dieser kindlichen Ureinstellung viel lernen und es ist daher wichtig, dass wir uns unsere ZIELE groß setzen, weil wir immer wieder mit Hürden und Stolpersteinen konfrontiert werden. Wenn wir stolpern, sollten wir unser ZIEL noch sehen können – sind sie groß genug, verlieren wir sie nicht aus dem Blickfeld. Also keine Angst, wenn Du stolperst – und das passiert garantiert immer wieder – Deine Ziele sind nach wie vor da!

SETZE DIR EIN

ZIEL,

DAS DICH MORGENS AUS DEM BETT SPRINGEN LÄSST.

ZIEL REISETIPP

1 WÄHLE IMMER EIN **KONKRETES ZIEL,**
DAS DIR AUCH WIRKLICH WICHTIG IST

2 DAS ZIEL MUSS **DEIN ZIEL** SEIN UND
DARF NICHT VON AUßEN KOMMEN

3 BEGINNE DAS ZIEL ZU ERREICHEN,
SETZE **AKTIVE MAßNAHMEN** UND LEG LOS.

4 DAS **ZIEL MUSS GROß SEIN,**
DAMIT DU ES IMMER IM BLICK HAST -> FOKUSSIERUNG

5 **MOTIVIERE** UND BEGEISTERE DICH.
WAS IST LOS, WENN DU DAS ZIEL ERREICHT HAST?

6 **STOLPERSTEINE,** MISSERFOLGE SIND LEDIGLICH EIN
FEEDBACK, WEITER GEHT'S!

7 LASS DICH NICHT ENTMUTIGEN, **BLEIB DRAN,**
NEUGIERIG UND KONSEQUENT.

Ziele erreichen
durch kleine Schritte

Das Erfolgsgeheimnis der vielen kleinen Schritte

Wir Menschen möchten immer den Erfolg sofort haben, am besten über Nacht, ohne wirklich etwas dafür zu tun. Wenn wir unsere Ziele nicht sofort erreichen, dann beginnen wir zu zweifeln, denken oft darüber nach warum es nicht funktioniert hat, stellen Fehleranalysen an und kommen zu dem Schluss, dass das Ziel für uns zu hoch ist, wir dafür nicht qualifiziert oder motiviert genug sind,...

Wenn Du Dich, so wie in Deiner Kindheit darauf einlässt, dass Du einfach den nächsten Schritt gehst, die nächste Aufgabe meisterst, dann wird es für dich möglich sein, dass Du sehr große Ziel erreichst - indem Du einfach konsequent und immer und immer wieder den nächsten kleinen Schritt machst. Die Macht der Gewohnheit ist eines der Erfolgsgeheimnisse.

Mache Deine kleinen Schritte zur Gewohnheit.

Es geht im Leben nicht darum die Mega-Strategien sich auszudenken, sondern vielmehr ist es wichtig, dass Du konstant und konsequent Deine Schritte gehst, immer und immer und immer und immer und immer wieder.

Wenn Du jeden Tag 5-10 Minuten in Deine Fitness investierst, oder wenn Du jeden Tag 3 km spazieren gehst,... dann kannst Du in einem Jahr die Distanz von Wien nach Paris überwinden (1229km)!!!

Würde ich Dich fragen, ob Du 1229 km gehen kannst, wäre wahrscheinlich ein „Nein" reflexartig da, Du würdest mir erzählen, dass Du dafür vorher intensiv trainieren müsstest, Deine Ernährung umstellen müsstest und Du eine hohe Investition in die weltbesten Wanderschuhe machen musst (um keinen Materialnachteil zu haben). ... „bist Du deppert ... was für eine MEGA-Challenge"... die verschieben wir dann mal besser in das nächste Jahr.

3 km spazieren zu gehen, ist doch easy. Oder? ... ganz ohne Vorbereitung.

Im wirtschaftlichen Kontext würde man sagen, dass Du die agilen Methoden der kleinen Erfolgsschritte anwendest und Du somit ein risikobewusstes Weiterkommen in Deiner Sache ermöglichst ... Wahnsinn, was Du alles weißt!

STEP BY STEP

KONSEQUENT, PERMANENT UND IN KLEINEN DOSEN

GEH' DEINEN WEG!

ZIELE VER**NICHT**EN

**STREICHE DIE AUSSAGEN DURCH,
DIE FÜR DICH <u>NICHTZUTREFFEND</u> SIND.**

DAS KANN NICHT FUNKTIONIEREN, WEIL...

DAS HABEN WIR SO NOCH NIE GEMACHT.

WIR HABEN DAS FRÜHER AUCH IMMER SCHON SO GEMACHT.

DAS IST MIR PEINLICH

DAS WERDE ICH MORGEN PROBIEREN, HEUTE DENKE ICH DARÜBER NACH.

DAS IST BEI UNS NICHT ÜBLICH.

DA WERDEN MICH DIE ANDEREN AUSLACHEN.

DAS KANN MAN HIER NICHT MACHEN, DAS IST ZU FRECH.

SO ETWAS TUT MAN EINFACH NICHT.

WIR HABEN JETZT DAFÜR KEINE ZEIT.

WIR HABEN JETZT DAFÜR KEIN GELD.

ICH HABE JETZT WIRKLICH ANDERE SORGEN.

DAS BRINGT DOCH NICHTS.

DAS IST EINFACH NUR KINDISCH.

DAS KÖNNTE ICH SCHON, WILL ICH JETZT ABER NICHT.

DAS HAT SICHERLICH NOCH KEINER GEMACHT.

DAS WÜRDE ICH AUCH MACHEN, WENN ES DIE ANDEREN MACHEN.

DAS IST EIN ZU PERSÖNLICHES, SENSIBLES THEMA.

DAS BRINGT UNS NICHT WEITER

„Wer mit Leidenschaft sein Ziel verfolgt,
ist unbesiegbar."

Ziele

besser erreichen

durch

kindliche Neugier

und

Konsequenz.

WO IST DEINE NEUGIER?
WAS VERFOLGST DU KONSEQUENT?

Wir

entscheiden,

wer wir sind,

was wir tun und

wie wir in

Zukunft

sein wollen.

Die Freiheit,

unser Leben

ständig neu

gestalten zu können

ist das Wertvollste,

was uns

zur Verfügung steht.

"Die größte Gefahr
für die meisten von uns
ist nicht, dass unser

ZIEL

zu hoch ist und wir es

verfehlen,

sondern, dass es zu niedrig

ist und wir es erreichen."

MICHELANGELO

WAS IST DEIN (JETZT NOCH ZU) HOHES ZIEL?
BESCHREIBE, ZEICHNE ES HIER.

TRAUMZIEL

ZIELELANDKARTE

DU KENNST DICH JETZT BESSER, DEINE WÜNSCHE, TRÄUME, ZIELE UND HÜRDEN.
ORDNE DEINE THEMEN JETZT IN DIE ZIELELANDKARTE EIN, DAMIT DU MIT
MÖGLICHST GERINGEM AUFWAND DIE ERSTEN ERFOLGE FEIERN KANNST.

QUICK-WINS

GROßER NUTZEN MIT WENIG AUFWAND

GROßE WIRKUNG UND GROßER NUTZEN

WELCHEN NUTZEN UND WELCHE WIRKUNG HAT DAS FÜR DICH?

PAUSENFÜLLER

WENIG BIS KEINE

GANZ EINFACH ZU ERREICHEN UND UMZUSETZEN

"Quick-Wins sollten Steine ins Rollen bringen,
um Berge zu versetzen."

GROSSE HERAUSFORDERUNGEN

GROSER NUTZEN VERBUNDEN MIT GROSSEM AUFWAND

Mach das nicht mehr!
Was solltest Du keinesfalls mehr machen?

X

MIT GROSSEM AUFWAND ERREICHBAR UND SCHWER UMZUSETZEN

QUICK-WINS

Was könnten Deine Quick-wins sein? Überlege gut, beschreibe sie möglichst genau und zeichne Dir ein Bild dazu. Wenn möglich mach Dir einen Terminplan, bis wann Du welche Quick-wins erreichen möchtest.

„Jede Innovation ist eine potenzielle Beleidigung."

Finde den **MUT**
für die Veränderung,
die Du Dir wünscht,
die **KRAFT** es
durchzuziehen
und den **GLAUBEN**
daran, dass sich
alles zum **BESTEN**
wenden wird.

Auf

VERÄNDERUNG

zu hoffen,
ohne selbst etwas
dafür zu tun,
ist wie am Bahnhof
zu stehen
und auf ein Schiff
zu warten.

Albert Einstein

Ich freue mich auf die neue Herausforderung, auf die Veränderung.
Im Wissen, dass wahre Veränderung immer bei mir beginnt.

VERÄNDERUNG

unMÖGLICH

„Warte niemals, bis Du Zeit hast.

VERÄNDERUNG

BEDEUTET, SICH AUF ETWAS EINLASSEN

VERÄNDERUNG BEGINNT IMMER MIT EINER ENTSCHEIDUNG UND BEDEUTET SICH AUF HERAUSFORDERUNGEN EINLASSEN. SICH AUF ETWAS EINZULASSEN, DAS MAN NICHT ODER KAUM BEHERRSCHT, WOBEI DAS ERGEBNIS OFFEN IST UND HÜRDEN AUFTRETEN KÖNNEN – DAS IST DIE HERAUSFORDERUNG AN DER VERÄNDERUNG. JEDE DEINER VERÄNDERUNGEN BRINGT STOLPERSTEINE HERVOR UND IST DAMIT IM DIALOG UND IN EINER PERMANENTEN AUSEINANDERSETZUNG MIT DEINEM INNEREN SCHWEINEHUND.

UNSER LEBENSWEG IST GEPFLASTERT MIT **ENTSCHEIDUNGEN**. EGAL, OB GROß ODER KLEIN, SCHWIERIG ODER EINFACH, BEWUSST ODER UNBEWUSST – WIR TREFFEN PERMANENT ENTSCHEIDUNGEN. ENTSCHEIDUNGEN, DIE WIR AUFSCHIEBEN ODER EINFACH NICHT TREFFEN, SIND AUCH ENTSCHEIDUNGEN, NÄMLICH DIE ENTSCHEIDUNG, ALLES BEIM ALTEN ZU LASSEN, NICHTS ZU VERÄNDERN UND MANCHMAL IN DER JAMMERSCHLEIFE ZU VERHARREN, ANSTELLE HERAUSZUSTEIGEN.

„Bei jeder Abzweigung beginnt der Weg von vorne."

ENTSCHEIDUNGEN TREFFEN

TRAINIERE DEINEN MUT IM ALLTAG, UM ENTSCHEIDUNGEN ZU TREFFEN.
NIMM DIR EINE ALLTAGSSITUATION (ZB. WO GEHEN WIR HEUTE ESSEN HIN?)

1 BRINGE NICHT UNNÖTIGE OPTIONEN VOR

SPIELE NICHT 10 OPTIONEN AUF, NUR WEIL DU NICHT ENTSCHEIDEN
MÖCHTEST, SONDERN ENTSCHEIDE DICH FÜR EINEN VORSCHLAG.

2 FINDE FÜR DICH DIE RICHTIGEN ARGUMENTE

WARUM GENAU DIESE OPTION DIE RICHTIGE OPTION FÜR HEUTE IST

3 KOMMUNIZIERE JETZT DEINEN VORSCHLAG

BRINGE DEINEN VORSCHLAG AN DIE ÖFFENTLICHKEIT UND
ARGUMENTIERE GEM. PUNKT 2

4 ANALYSIERE UND LERNE

WIE WAREN DIE REAKTIONEN AUF DEINE ENTSCHEIDUNG?
WAR ES EINFACH, SCHWER? GAB ES VIEL DISKUSSION?

SO WIRD ES DIR IMMER LEICHTER FALLEN, GUTE ENTSCHEIDUNGEN ZU TREFFEN
UND GUT VORBEREITET IN ENTSCHEIDUNGSSITUATIONEN ZU GEHEN.

Indianische Weisheiten

Die 4 indianischen Gesetzmäßigkeiten erläutern gut, warum Du hier bist, wo Du bist. Warum das Leben hätte nicht anders laufen können.

1 Die Person, die Dir begegnet ist die Richtige

Niemand tritt zufällig in Dein Leben. Alle Menschen die dich umgeben stehen somit für etwas. Um Dich zu lehren oder Dich in Deiner Situation voranzubringen, um Dich zu bestärken.

2 Was passiert ist das einzige, was passieren konnte

Absolut gar nichts, auch nicht das unbedeutendste Detail, was passiert, hätte anders kommen können. Es gibt die Ausrede nicht, „Wenn Du es anders gemacht hättest, dann……wäre was Anderes passiert." Es musste so sein wie es ist, damit wir unsere Lektionen daraus lernen können.

3 Jeder Moment, wo etwas beginnt, ist der richtige

Alles beginnt immer genau zum richtigen Moment, keinen Moment früher und auch nicht später. Daher sollten wir offen und bereit sein, damit wir es ermöglichen, dass Neues in unserem Leben beginnt.

4 Was zu Ende ist, ist zu Ende

Alles hatte seinen Sinn, das was ist, das was war und das was zu Ende ist. Jede Geschichte geht zu Ende und so darf es auch sein.

WO ERKENNST DU DEINEN INDIANER?

HERZ & VERSTAND

Was entscheidet Dein Verstand und wie sehr sind Deine Entscheidungen von **Emotion** oder **Intuition** gesteuert? Es ist daher wichtig, dass Du Dir immer bewusst bist, wie Du gerade handelst, warum Du so agierst und was Dich in Deinem Tun beeinflusst.

Du bist der einzige Denker in Deinem Geist,
und was Du denkst, wird Realität.

Gedanken haben Macht
und beeinflussen
Dein Leben und Dein Tun.

VERSTAND WIRD GEPRÄGT VON DEINER QUALIFIKATION, KOMPETENZ UND ERFAHRUNG.

DEINE MENTALE STÄRKE WIRD DURCH DEINEN WILLEN BEEINFLUSST.

DEINE MORAL UND DEINE WERTE BEEINFLUSSEN DEIN DENKEN UND HANDELN.

DU SOLLTEST **BEWUSST VERGLEICHE ZIEHEN**,
WIE ANDERE LEUTE IN EINER ÄHNLICHEN SITUATION HANDELN WÜRDEN. ENTSCHEIDE DANN, OB ES HILFREICH FÜR DICH SEIN KANN, DIE ERKENNTNISSE DER ANDEREN IN DEIN TUN UND HANDELN EINZUBEZIEHEN, ODER DIESE BEOBACHTUNG BEWUSST AUSZUGRENZEN. OFTMALS IST EINE NEGATIVE ABGRENZUNG AUCH SEHR HILFREICH. WAS MACHE ICH NICHT....

INTUITION

DIE INTUITION IST EIN KREATIVER PROZESS, DER VOM UNSEREM INTELLEKT BEGLEITET WIRD. DAS HEISST, DIESER ÜBERPRÜFT FORTWÄHREND DENKERGEBNISSE UND FÄLLT DANN AUS DEM UNTERBEWUSSTSEIN ENTSCHEIDUNGEN. REFLEKTIERE DEINE PERSÖNLICHKEIT: WIRST DU AUTOMATISCH VOM VERSTAND GELEITET? WIE WERDEN DEINE ENTSCHEIDUNGEN VON DER INTUITION BEEINFLUSST? DIE PRO- UND CONTRA-ARGUMENTATION SOLL BEI ALLEN ENTSCHEIDUNGEN IM VORDERGRUND STEHEN. INTUITIVE ENTSCHEIDUNGEN BEDÜRFEN IMMER MEHR VERANTWORTUNGSBEREITSCHAFT ALS ENTSCHEIDUNGEN, DIE DURCH EINEN KLAREN SACHVERSTAND UND SACHVERHALT GETROFFEN WERDEN.

EMOTION

DIE EMOTION IST DER, AUCH NACH AUSSEN, ERKENNBARE ZUSTAND UNSERER GEFÜHLE. FREUDE, ÄRGER, WUT SIND JENE EMOTIONEN, DIE UNS AM MEISTEN BEKANNT SIND UND AM MEISTEN BEGLEITEN. EMOTIONEN SIND AUCH STEUERBAR UND KÖNNEN ZU JEDER ZEIT VON UNSERER WILLENSSTÄRKE DOMINIERT WERDEN. DIE EMOTION IST EIN PSYCHOPHYSIOLOGISCHES PHÄNOMEN, DAS DURCH DIE BEWUSSTE ODER UNBEWUSSTE WAHRNEHMUNG EINES EREIGNISSES ODER EINER SITUATION AUSGELÖST WIRD. UNSERE EMOTIONEN WERDEN VON UNSEREN ANGEBORENEN UND ERWORBENEN EIGENSCHAFTEN GEPRÄGT.

ALLTAG

BEWUSSTES WAHRNEHMEN DEINES DENKENS, DEINER INTUITION UND DEINER EMOTION FÜHRT ZU EINEM NACHVOLLZIEHBAREN HANDELN UND DAS WIRD AUCH VON DEINEN MITMENSCHEN WAHRGENOMMEN. GELINGT ES UNS, DIESEN MIT EINER MÖGLICHST POSITIVEN EMOTIONALEN ENERGIE ZU BEGEGNEN, KANN DIES AUCH FÜR DIESE POSITIV MOTIVIEREND SEIN. DIES HILFT Z.B. EIN TEAM ZU STÄRKEN UND HERAUSFORDERUNGEN EINFACHER GEMEINSAM ZU LÖSEN

GEDANKEN<u>BILDER</u>

ERZEUGEN EMOTIONEN UND DADURCH WERDEN WÜNSCHE UND ZIELE DEFINIERT!

→ WAS SIND DEINE GEDANKENBILDER ?

<u>LEIT</u>SÄTZE

BEGLEITEN UND VERANKERN BOTSCHAFTEN IN UNSEREM GEIST..

→ WAS SIND DEINE LEITSÄTZE?

ALLES BEGINNT MIT EINER ENTSCHEIDUNG

Susanne Kunst

Stell Dir vor, Du sitzt auf einem sonnenwarmen flachen Felsen am Ufer eines klaren, ruhigen Bergsees und schaust auf das Wasser. Du wirfst einen Kieselstein hinein und – plopp, dieser Impuls bringt das Wasser in Bewegung. Lauter kleine Wellen, die immer größere Kreise ziehen. Plopp! Noch ein Stein, wieder entstehen wachsende Kreise, die sich mit jenen des anderen vereinen.

Jede Entscheidung, die Du triffst, hat immer eine Aus-Wirkung und bringt etwas in Bewegung. Immer, wenn Du Ja oder auch Nein zu etwas sagst, zu Dir selbst, einer Person oder einer Aufgabe, darfst musst Du Dir dieser Auswirkung bewusst sein und dafür die Verantwortung übernehmen. Und nicht immer stellen sich nach einer getroffenen Entscheidung gleich Glücksgefühle ein. Manchmal meldet sich ein unangenehmes Grummeln im Bauch und Du hörst plötzlich eine Stimme, die Dir ins Ohr flüstert: „Das schaffst Du nicht. Warum ausgerechnet Du? Was werden da die anderen sagen?" Kommt Dir das bekannt vor? Das sind Deine Angst und Deine Zweifel, die Dich davor schützen wollen, in unbekannte Gewässer vorzudringen, wo es möglicherweise gefährlich werden könnte. Diese Emotionen sind wichtig und wollen wahrgenommen werden.

Du kannst also zu ihnen sagen: „Hallo, liebe Angst und lieber Zweifel! Ja, ihr gehört auch zu mir. Ich kann euch beruhigen, es wird nicht gefährlich, einfach nur unbekannt, aber spannend." Und dann kannst Du Angst und Zweifel zwei sehr liebe Kollegen vorstellen: Mut und Vertrauen. Die gehören nämlich auch zu Dir und sind noch viel kraftvoller. Licht ist immer stärker als Dunkelheit. Und Du kennst bestimmt den Moment, wenn Du etwas zum ersten Mal gemacht hast und Dich hinterher stark und mutig fühlst. Du bist innerlich gewachsen und das strahlt auch nach außen. Zurück zu unserem Bergsee: Eine Entscheidung zu treffen und sie dann auch umzusetzen, ist oft wie ein Sprung ins eiskalte Wasser. Wenn Du das Gefühl hast, es aus eigener Kraft nicht zu schaffen, dann bitte doch einen wohlwollenden Menschen, Dich bis an den Rand des Felsens zu begleiten. Visualisiere den Augenblick, wenn Du abhebst, eintauchst und dann erfrischt und gestärkt wieder aus dem Wasser kommst. Versuch dieses Gefühl von Erleichterung, Freude und Stolz vorwegzunehmen. Merkst Du, wie sich das Grummeln im Bauch vielleicht zu einem

Aufgeregten Kribbeln verändert? Wie die Vorfreude auf das Ergebnis steigt? Wie Du die Aufbruchsstimmung spürst? Fühle in Dich hinein und wenn Du bereit bist, dann spring! Je kälter das Wasser, desto größer ist Dein Entwicklungs-potential.

Du bist der Schöpfer Deiner Gedanken, Deiner Träume, Ziele und Visionen. Erschaffe Dir die beste Version Deiner selbst in Deinem Kopf und Deinem Herzen und dann geh voller Mut und Vertrauen den Weg, der notwendig ist um Deine Ziele zu erreichen. Gedanken sind kraftvoll und durch Dein Tun können sie zur Realität werden.

jEIn = JA + NEIN = ???

Wie oft sagst Du „Ja" und meinst „Nein"? Wie oft sagst Du „Nein" und meinst „Ja"? Wann hast Du das letzte Mal aus tiefstem Herzen „Ja" zu Dir selbst gesagt? Ein „Ja" zu Dir schließt niemanden aus, sondern eröffnet Dir und Deinem Umfeld eine Unzahl an Möglichkeiten und mit Mut und Vertrauen kann daraus etwas WUNDERvolles entstehen.

STOLPERSTEINE + HÜRDEN

WAS DU DIR AUSGEDACHT HAST, DEINE ZIEL, DEINE TRÄUME, DEINE WUNSCH-VORSTELLUNGEN.... WARUM GEHT DAS SICHER NICHT? WAS SIND DIE HÜRDEN, DIE WIDERSTÄNDE, DIE STOLPERSTEINE UND SCHRANKEN, DIE DU ZU ERWARTEN HAST? WER WIRD DICH BEHINDERN UND WARUM?

 DAS CHINESISCHE SCHRIFTZEICHEN FÜR KRISE VEREINT DIE BEIDEN TEILE EINER KRISE INEINANDER - **GEFAHR & CHANCE**.

AUCH WENN KRISEN, HERAUSFORDERUNGEN IM MOMENT UNS SEHR FORDERN, SO HABEN SIE DOCH MEISTENS AUF LANGE SICHT ETWAS GUTES, WEIL SIE UNS ZWINGEN, AUS DEN ALTEN BAHNEN AUSZUSTEIGEN, NEUE ANSTRENGUNGEN ZU VOLLBRINGEN, UM GRENZEN ZU ÜBERSCHREITEN UND IN NEUE ENTWICKLUNGEN ZU GEHEN. EINE KRISE IST DAHER AUCH IMMER EIN EXTERNER DENKANSTOSS. IN SOLCHEN SCHWIERIGEN, KRITISCHEN MOMENTEN EXTERNEN INPUT, HILFESTELLUNG, COACHING,... ANZUNEHMEN IST HILFREICH UND IST AUSDRUCK VON INNERER STÄRKE. HOLE DIR DAHER EXTERNE EXPERTISE, ABER MERKE DIR, DASS BEI ALL DEN TIPPS VON AUSSEN DIE ENTSCHEIDUNG IMMER BEI DIR BLEIBT.

„Schwierige Zeiten
lassen uns Entschlossenheit
und innere Stärke entwickeln."
Dalai Lama

HÜRDENKÜBEL

In Anlehnung an das Modell von Dave Snowden ist es von enormer Bedeutung, dass Du Deine Hürden, Probleme, Situationen erkennst und zuordnest, bevor Du einen Veränderungsprozess angehst. Achte auf Wahrnehmungsfehler!

1 einfach

URSACHE UND WIRKUNG SIND EINFACH ZU ERKENNEN

Solche Probleme sind am einfachsten mit best practise zu lösen Wichtig ist, dass Du Dir das Problem gut anschaust und konsequent handelst.

2 kompliziert

URSACHE UND WIRKUNG SIND MIT SPEZIELLEM WISSEN ZU ERKENNEN

Solche Probleme sind am einfachsten mit überlegtem best-practise zu lösen. Wichtig ist, dass Du Dir das Problem gut anschaust andere Meinungen einholst, analysierst und konsequent handelst.

3 komplex

BEZIEHUNG VON URSACHE UND WIRKUNG NICHT EINFACH ERKENNBAR, DIESE KÖNNEN AUCH MEHRDEUTIG SEIN

SOLCHE PROBLEME SIND AM EINFACHSTEN MIT AGILEN METHODEN ZU LÖSEN. GUT ÜBERLEGEN, AUSPROBIEREN, SCHAUEN WAS PASSIERT UND DANN ANGEPASST HANDELN.

4 chaotisch

JEGLICHE BEZIEHUNG ZWISCHEN URSACHE UND WIRKUNG GEHT VERLOREN

DAS SYSTEM MUSS DAHER VORRANGIG SCHNELLSTMÖGLICH STABILISIERT WERDEN. ALSO SOFORT HANDELN, BEOBACHTEN, WAS PASSIERT. ZIEL MUSS ES SEIN, CHAOTISCHE UMSTÄNDE IN KOMPLEXE ZU VERWANDELN.

BLOCKADEN-ZETTEL

ÄNDERUNG, VERÄNDERUNG IST JA ALLES NICHT SO EINFACH. SCHREIBE HIER SPONTAN AUF, WARUM DU NOCH EINE BLOCKADE HAST, WAS DIR IN DEN SINN KOMMT, WARUM ES NICHT GEHT, SO EINFACH NICHT GEHT, ODER DOCH BESSER ZU EINEM ANDEREN ZEITPUNKT GEMACHT WERDEN KÖNNTE.

HIER STEHEN DEINE AUSREDEN!

DER BLOCKADEN-ZETTEL IST EIN GUTES INSTRUMENT, MIT DEM DU SIEHST, WO DIE HÜRDEN LIEGEN UND WO SOMIT DEINE HANDLUNGSOPTIONEN SIND.

„Ein handfestes Problem
ist immer ein guter ANFANG."

„WUNDER

BEGINNEN IMMER DANN,
WENN DU DEINEN

TRÄUMEN

MEHR ENERGIE GIBST
ALS DEINEN ÄNGSTEN."

„WENN EINE

IDEE

NICHT ZUERST

ABSURD ERSCHEINT,

TAUGT SIE NICHTS."

ALBERT EINSTEIN

MUT
KRAFT
PLATZ

IMMER DANN, WENN DU VOR DEINER ANGST WEGLÄUFST, WIRD DIESE WOMÖGLICH GRÖSSER, ANSTATT SIE ZU VERLIEREN. DIE ANGST IST WIE EIN KLEINER, BELLENDER HUND. WENN DU DICH IHM STELLST, DANN WIRD ER WISSEN, WER DER STARKE IST. WENN DU JEDOCH WEGLÄUFST, DANN WIRD DIR AUCH DER KLEINSTE HUND MIT LAUTEM GEBELL NACHLAUFEN, WIRD DICH EINHOLEN, WIRD DICH STELLEN UND WIRD DER SIEGER SEIN. DESHALB IST ES SO WICHTIG, DASS DU DICH DEINER ANGST STELLST, IHR MUTIG GEGENÜBERTRITTST UND IHR MUTIG, ENTSCHLOSSEN IN DIE AUGEN SCHAUST.

WIE VIKTOR FRANKL TREFFEND FORMULIERTE: „WERTIMAGINATIONEN SIND DIE BEWUSSTE WANDERUNG ZUM UNBEWUSSTEN". WOHLTUENDE UND WOHLWOLLENDE GEFÜHLS- UND GEISTESKRÄFTE WARTEN IN UNSEREM UNBEWUSSTSEIN, UM ENTDECKT ZU WERDEN. DEINE INNEREN KRÄFTE SIND DAMIT ERLEBBAR UND BEGEGNEN DIR, UM DICH ZU ERMUTIGEN, ZU BESTÄRKEN ODER DICH ZU UNTERSTÜTZEN. NIMM DIR DIE ZEIT, DIESE WERTVOLLE WELT IN DIR ZU ENTDECKEN, DAMIT ZU ARBEITEN, DARAUS ZU LERNEN - UM KRAFT, MUT UND ORIENTIERUNG ZU SCHÖPFEN.
LERNE DICH MIT **DEINEM MUT-TEIL** ZU VERBINDEN, DIESEN ALS HILFREICHEN LEBENSBEGLEITER ZU VERSTEHEN, UM IHN IN ENTSCHEIDENDEN SITUATIONEN ALS BEGLEITER ZU HABEN. GESTALTE DIR DEINEN KRAFTPLATZ, DEN DU ZU JEDER ZEIT AUFSUCHEN KANNST, UM DIR EINE GEZIELTE AUSZEIT ZU NEHMEN, DICH ZU SAMMELN UND MIT NEUER KRAFT UND NEUEN IDEEN, WIEDER GESTÄRKT WEITER ZU GEHEN..
→

1 SCHLIEßE DEINE AUGEN, FINDE DEINE RUHE

VERSUCHE IM HIER UND JETZT ZU SEIN. ATME RUHIG UND GENIEßE DIE NÄCHSTEN 5 MINUTEN MIT DIR ALLEINE. SEI GESPANNT, WAS KOMMEN WIRD.

2 BEGIB DICH AUF DEINEN WOHLFÜHL-KRAFTPLATZ

DU BETRITTST EINE WUNDERSCHÖNE BLUMENWIESE MIT BLUMEN, EINEM BACH ODER VIELLEICHT DIREKT AM MEER, ODER IN DEN BERGEN, . . .

3 SCHAU DICH UM, WOHER DEIN MUT-TEIL KOMMT

WENN DU IN RUHE AUF DEINER WIESE STEHST, DANN SEI ACHTSAM UND NIMM WAHR, AUS WELCHER RICHTUNG DEIN MUT-TEIL KOMMT, WIE ER AUF DICH ZUGEHT, WIE DU AUF IHN ZUGEHST. WAS PASSIERT, WAS ERLEBST DU?

4 BEGEGNE DEINEM MUT-TEIL UND REICHE IHM DIE HAND

WIE GEHT ES DIR, WENN DU DEINEM EIGENEN MUT-TEIL GEGENÜBERSTEHST? WENN DU DEINEM MUT-TEIL DIE HAND REICHST? WIE FÜHLT ES SICH FÜR DICH AN? WAS NIMMST DU WAHR? WAS FASZINIERT DICH? WIE SIEHT DEIN MUT AUS? WELCHE FARBE HAT DEIN MUT? WAS SAGT ER?

5 HAND AUF'S HERZ

LEGE DIE HAND VON DEINEM MUT-TEIL AUF DEIN HERZ. SPÜRE WIE GUT SICH DAS ANFÜHLT. WAS SAGT DEIN MUT-TEIL, WELCHE BOTSCHAFT KOMMT BEI DIR AN? WAS NIMMST DU MIT? VERABSCHIEDE DICH.

ÖFFNE DEINE AUGEN. GEHT'S DIR GUT? ☺

MALE HIER DEIN INNERES BILD.

MENSCHEN HABEN IMMER SCHON DIE MALEREI EINGESETZT, UM IHRE VORSTELLUNG ZU ERWEITERN UND NEUES AUSZUDRÜCKEN. DAS MALEN DEINES INNEREN BILDES WIRD DIR DABEI HELFEN, GEWOHNTE DENKMUSTER ZU VERLASSEN, DEN GEIST ZU AKTIVIEREN UND NEUE LÖSUNGSANSÄTZE ZU FINDEN.

„„Die Bilder der inneren Welt, die Symbole,
sind die Muttersprache der Seele"

Erich Fromm

DIE UNBEKANNTE WELT ?

NEUES ENTDEKCEN
ERFOLG = KINDLICHE NEUGIER + KONSEQUENZ

DAS GEHEIMNIS DER VERÄNDERUNG IST, ALLE ENERGIE NICHT AUF DIE BEKÄMPFUNG DES ALTEN ZU LEGEN, SONDERN AUF DEN NEUGIERIGEN AUFBAU DES NEUEN.

BEIM BETRETEN EINER DIR UNBEKANNTEN WELT GIBT ES IMMER WIEDER NEUE STOLPERSTEINE ZU BEWÄLTIGEN, PRÜFUNGEN ZU MEISTERN UND GENAU HINZUSEHEN, WO FREUNDE UND VERHINDERER SIND, DIE DIR AUF DEINEM WEG HELFEN BZW. DICH BEHINDERN. ZIELE WIRST DU DANN ERREICHEN, WENN DU MIT KINDLICHER NEUGIER KONSEQUENT DEINEN WEG GEHST. ES IST DAHER NICHT UNBEDINGT NOTWENDIG DAS EINE GROßE ZIEL ZU HABEN, DENN WIE UNS DAS LEBEN GELEHRT HAT, ERREICHEN WIR AUCH IMMER WIEDER ZIELE, DIE WIR UNS VORHER NICHT GESTECKT HABEN.

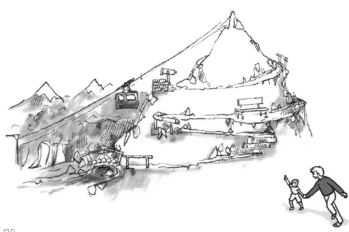

„Scheitern ist nicht das Gegenteil von Erfolg,
es ist ein Teil davon."

OSKARs Roter Faden

Wenn Du neue Themen angehst, dann nutze diese einfache logische Reihenfolge O-S-K-A-R, um zu prüfen, wo Du Handlungsbedarf hast, wo Deine Hürden sind. Beginne mit der Frage: BIST DU OFFEN?, OPTIMISTISCH?,..

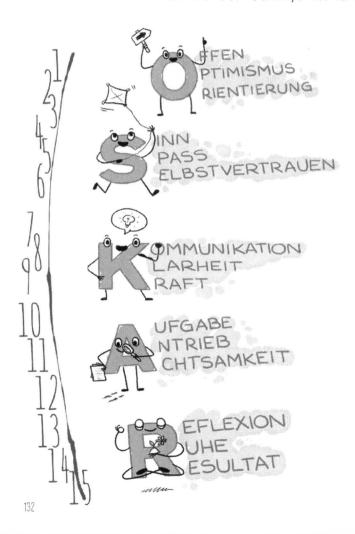

OFFEN
OPTIMISMUS
ORIENTIERUNG

SINN
PASS
SELBSTVERTRAUEN

KOMMUNIKATION
KLARHEIT
KRAFT

AUFGABE
ANTRIEB
ACHTSAMKEIT

REFLEXION
RUHE
RESULTAT

„Nicht unserem Wissen,
sondern unserem Können
verdanken wir den Erfolg."

„VERWECHSLE MEINEN CHARAKTER NICHT MIT
MEINEM VERHALTEN. MEIN CHARAKTER BIN ICH UND
MEIN VERHALTEN HÄNGT SCHON AUCH VON DIR AB...."

KERNAUSSAGEN

AUS DEM UNGEWÖHNLICHEN MOTIVATIONSBUCH „BRIEFTRÄGERKIND"
VON OSKAR KERN

SEI BEREIT ZU SCHEITERN!

DIESER GEDANKE SOLL KEINE SPANNUNGEN ERZEUGEN, SONDERN SOLL UNS DIE ERFOLGREICHE WEITSICHT FÜR ENTSCHEIDUNGEN GEBEN. DIESER GEDANKE MACHT UNS GLEICHZEITIG VERANTWORTUNGS- UND PFLICHTBEWUSSTER.

Bist du dir deiner Sache SICHER FOLGEN dir die anderen irgendwann!

EINE DER WICHTIGSTEN FÜHRUNGSEIGENSCHAFTEN IST DIE ENTSCHEIDUNGS-SICHERHEIT, UND GLEICHZEITIG IST ES IMMER ERFORDERLICH VOM ERFOLG DER ENTSCHEIDUNG ÜBERZEUGT ZU SEIN. WENN WIR UNS DIESER HALTUNG BEWUSST SIND, WERDEN WIR ANDERE MENSCHEN ÜBERZEUGEN.

Der Rucksack muss gut gepackt sein.

WELCHE POSITIONEN DU AUCH IN DEINEM BERUFSLEBEN EINNIMMST: DU BENÖTIGST DAFÜR IMMER DEINE GANZ PERSÖNLICHE QUALIFIKATION. DAS BEZEICHNE ICH ALS RUCKSACK UND DAS, WAS DU DA REINPACKST, BEGLEITET DICH BEI DEINEN ALLTÄGLICHEN AUFGABEN IM BERUF. DU ENTSCHEIDEST, WAS DU IN DEINEM RUCKSACK MIT DIR FÜHREN WILLST – DU HAST DAS IN DER HAND!.

ES GEHT NICHT UM DIE BRIEFE, SONDERN UM DIE MENSCHEN!

BRIEFE UND DOKUMENTE SIND VERMITTLER VON WISSEN UND BESTÄTIGEN VEREINBARUNGEN. DIESE WERDEN VON MENSCHEN VERFASST UND SAGEN SEHR VIEL ÜBER DIE FÄHIGKEITEN DER MENSCHEN AUS, DIE EIN SCHRIFTSTÜCK VERFASSEN. DIE EMPATHIE UND DIE BEZIEHUNG VON MENSCH ZU MENSCH SIND IMMER DIE OPTIMALE UMGANGSFORM.

Geh den HOLPRIGEN Weg!

DIES IST KEINE AUFFORDERUNG IMMER DEN SCHWIERIGEN WEG ZU GEHEN, SONDERN JEDE AUFGABE SOLL ZIELORIENTIERT DURCHGEFÜHRT WERDEN, AUCH WENN ES MEHR ANSTRENGUNG UND EINSATZ ERFORDERT. AUCH DER EINFACHERE WEG BENÖTIGT ENERGIE UND ZEIT, UND WENN DANN NICHT DAS ERWÜNSCHTE ERGEBNIS ERZIELT WERDEN KANN, IST DIESER AUFWAND UMSONST GEWESEN. SOMIT MACHT ES IMMER SINN DEN BESTEN WEG ZU WÄHLEN, AUCH WENN DER SEHR ANSTRENGEND IST UND EINE GROßE HERAUSFORDERUNG DARSTELLT.

Öffne manchmal auch eine Tür, hinter der ein Hund bellt!

SEI MUTIG UND TRAU DICH, AUCH WENN DU DABEI ENORM ANGESPANNT BIST. LETZTENDLICH SIND ES BLOCKADEN IN UNS SELBST, DIE ES GILT ZU ÜBERWINDEN UND DIE NUR AUFGELÖST WERDEN KÖNNEN, WENN WIR UNS DIESEN STELLEN UND AUCH AKTIV TÄTIG WERDEN.

Lass Dich nicht
ins Post**amt** locken

Was ich damit meine? Nimm Deine Position immer nach Deinen Fähigkeiten und Möglichkeiten ein. Wobei es wichtig ist, strategisch zu handeln und die Initiative nicht anderen zu überlassen

Sei immer auf alles
VORBEREITET

Eine gute Planung und eine gezielte Vorgehensweise schließen unerwünschte Ereignisse weitgehend aus. Sei gleichzeitig flexibel und sollte es mal nicht so laufen, gib nicht auf, lass Dich nicht vom Weg abbringen, sondern suche sofort nach einer Lösung, die im Moment passt.

LASS DAS MOPED IM
RICHTIGEN MOMENT LOS!

Intuition, Meinungen, Motivatoren oder Erfahrungen sind Faktoren, die Dir im täglichen Berufsleben helfen zur richtigen Zeit Situationen zu verändern oder zu beenden. Dies sind wichtige Aspekte, denen Du Dir immer bewusst sein solltest. Die Argumente, solche Entscheidungen zu treffen, müssen aber dennoch ganz klar auf der Hand liegen und rational erfasst werden.

Gib soviel du kannst, es kommt zurück

DAS IST EINE WEISHEIT, DIE IN ALLEN RELIGIONEN VERANKERT IST. DIESE HALTUNG UND HANDLUNGSWEISE IM ALLTAG UND IM BERUFSLEBEN ZU INTEGRIEREN, BRINGT DIR VIELE VORTEILE UND ÖFFNET DIR JEDERZEIT NEUE TÜREN. WENN DU MIT DIESER LEBENSWEISE EINE BILANZ ZWISCHEN „GEBEN UND NEHMEN" ZIEHST, ERKENNST DU, WIE SEHR DAS GEBEN BEREICHERT UND WIE VIELE VORTEILE DU LETZTENDLICH DADURCH ERZIELEN KANNST.

Es gibt immer einen Gartenzaun und wenn nicht, dann stell dir einen vor!

DIESES GEDANKLICHE LEITBILD SOLL DIR KLARMACHEN, DASS DU IMMER DIE MÖGLICHKEIT HAST, DICH ABZUGRENZEN, UND WIE WICHTIG ES AUCH IST, DEINE GRENZEN ZU KENNEN. KURZ: DEINE GRENZEN WERDEN VON DIR SELBST BESTIMMT.

Mach Pause wenn du sie brauchst (und nicht, wenn es deine Urlaubsplanung vorsieht)

HALTE IMMER WIEDER MAL INNE UND GEH IN DICH SELBST, SO LERNST DU DICH SELBST UND DEINE BEDÜRFNISSE BESSER KENNEN UND KANNST DAMIT DEINE MÖGLICHKEITEN ZIELGERICHTETER AUSSCHÖPFEN. DIESE LEBENSART KANN DICH ZU HÖCHSTLEISTUNG BRINGEN OHNE DABEI AUSZUBRENNEN, DA DU MIT VIEL ENERGIE UND POSITIVEN EMOTIONEN KONTINUIERLICH DEINE AUFGABEN GUT BEWÄLTIGEN KANNST.

Flieg wie ein Falke

Um weitsichtig und klug zu denken und zu handeln, hilft es, die Vogelperspektive einzunehmen. Wenn Du die Dinge sozusagen von „oben" betrachtest, nimmst Du sie besser in ihrer Gesamtheit wahr und kannst sie anders angehen. Deine Entscheidungen sind dann gut durchdacht und immer zukunftsorientiert.

Setz Dich auf verschiedene Steine!

Betrachte immer viele, wenn möglich alle Aspekte, bevor Du Dich entscheidest. Bedenke den erwünschten Wirkungsgrad und die Auswirkung einer Entscheidung. Die beste Entscheidung kannst Du dann treffen, wenn Du verschiedene **Möglichkeiten** in Betracht gezogen hast.

Wichtig **ist Familie.**

Was bedeutet Familie in unserer Zeit und wie können wir sie für uns so definieren, dass sie unsere Kraftquelle ist? Wenn Du für Dich Deine Form der Familie gefunden hast, dann ist diese Dein Rückhalt. Sie beflügelt Dich zu guten Leistungen und hilft damit, Deine Lebensqualität zu steigern und dauerhaft zu erhalten. Umgekehrt bist auch Du ihr Kraftquell und dieser gegenseitige Austausch macht sie zu unserem persönlichen Perpetuum Mobile. Wir können uns bei, und mit unserer Familie erholen, entspannen und zu neuem Tun motivieren, um uns den täglichen Herausforderungen aufs Neue zu stellen.

Niemand ist es wert,
dass Du Dein Lächeln verlierst.

Wer ankommen will,
muss sich irgendwann auf die Reise machen.

„Es gibt nur 2 Tage im Jahr,
an denen man so gar nichts
tun kann:

der eine heißt

GESTERN

der andere heißt

MORGEN

also ist

HEUTE

der richtige Tag
um zu **lieben**, zu **glauben**,
zu **handeln** und vor allem um zu

leben."

DALAI LAMA

Kein

Mensch

ist perfekt.
Wir alle
müssen

Fehler

machen
um daraus zu lernen
und es dann besser
zu machen.

STOLZ, LEICHTIGKEIT, FREUDE

Lebe jetzt!

WER HAT SICH EIGENTLICH AUSGEDACHT,
DASS WIR IMMER UND IMMER WEITERKOMMEN MÜSSEN?

ICH WÜRDE DOCH GERNE EINFACH EINMAL

ANKOMMEN.

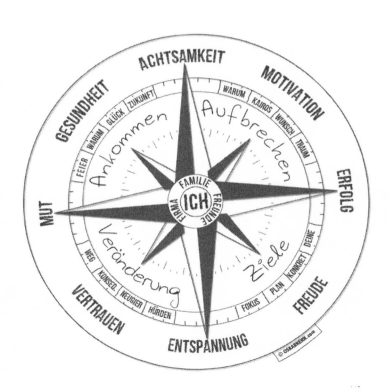

4

ANKOMMEN

Feiere Deine neue Erfahrung

Was bedeutet das für Dich: ANKOMMEN. Ist es der Punkt, auf den Du zusteuerst und das Ziel, das es für Dich zu erreichen gilt? Lohnt sich der Prozess und die Mühsal, den der Weg mit sich bringt? Kann nicht auch der Weg das Ziel sein? Oder ist ANKOMMEN für Dich etwas Anderes? Ist es das Angekommen-sein in Deiner Umgebung? Wie verhältst Du Dich, damit Du ankommst? Welche Pläne verfolgst Du und welche Strategien verwendest Du dafür? Wie wichtig ist es Dir so anzukommen, dass Du Dich auch angenommen fühlst? Ist dies nicht die bessere Variante? Bedeutet dann nicht ANKOMMEN, ganz in und mit Dir sein? Gelingt uns das ANKOMMEN in allen Dimensionen nicht erst dann, wenn wir hier und jetzt ganz mit uns und unserem Tun und Handeln sind? Wenn wir ganz wir sind. Wenn DU ganz DU bist? Leg los, mach Dich auf den Weg und freu Dich, wenn Du ANKOMMST - in Dir!

Wo hast Du das gefunden?
Ich habe überall danach gesucht!

Erlebe
jeden Tag
GLÜCK ☺

Ich
habe es selbst gemacht!

GLÜCK, ERFOLG: WAS HAST DU SELBST GEMACHT?

Selbstgem.

ALS ICH MICH SELBST ZU LIEBEN BEGANN

GEDICHT VON CHARLIE CHAPLIN ZU SEINEM 70. GEBURTSTAG, 16.04.1959

ALS ICH MICH SELBST ZU LIEBEN BEGANN, HABE ICH VERSTANDEN, DASS ICH IMMER UND BEI JEDER GELEGENHEIT, ZUR RICHTIGEN ZEIT AM RICHTIGEN ORT BIN UND DASS ALLES, WAS GESCHIEHT, RICHTIG IST - VON DA AN KONNTE ICH RUHIG SEIN. HEUTE WEISS ICH: DAS NENNT MAN

VERTRAUEN.

ALS ICH MICH SELBST ZU LIEBEN BEGANN, KONNTE ICH ERKENNEN, DASS EMOTIONALER SCHMERZ UND LEID NUR WARNUNGEN FÜR MICH SIND, GEGEN MEINE EIGENE WAHRHEIT ZU LEBEN. HEUTE WEISS ICH: DAS NENNT MAN

AUTHENTISCH SEIN.

ALS ICH MICH SELBST ZU LIEBEN BEGANN, HABE ICH AUFGEHÖRT, MICH NACH EINEM ANDEREN LEBEN ZU SEHNEN UND KONNTE SEHEN, DASS ALLES UM MICH HERUM EINE AUFFORDERUNG ZUM WACHSEN WAR.
HEUTE WEISS ICH, DAS NENNT MAN

REIFE.

Als ich mich selbst zu lieben begann, habe ich aufgehört, mich meiner freien Zeit zu berauben, und ich habe aufgehört, weiter grandiose Projekte für die Zukunft zu entwerfen. Heute mache ich nur das, was mir Spaß und Freude macht, was ich liebe und was mein Herz zum Lachen bringt, auf meine eigene Art und Weise und in meinem Tempo.
Heute weiß ich, das nennt man

EHRLICHKEIT.

Als ich mich selbst zu lieben begann,
habe ich mich von allem befreit, was nicht gesund für mich war,
von Speisen, Menschen, Dingen, Situationen
und von Allem, das mich immer wieder hinunterzog, weg von mir selbst.
Anfangs nannte ich das „Gesunden Egoismus",
aber heute weiß ich, das ist

SELBSTLIEBE.

Als ich mich selbst zu lieben begann,
habe ich aufgehört, immer recht haben zu wollen,
so habe ich mich weniger geirrt.
Heute habe ich erkannt: das nennt man

DEMUT.

Als ich mich selbst zu lieben begann, habe ich mich geweigert, weiter in der Vergangenheit zu leben und mich um meine Zukunft zu sorgen.
Jetzt lebe ich nur noch in diesem Augenblick, wo ALLES stattfindet,
so lebe ich heute jeden Tag und nenne es

BEWUSSTHEIT.

ALS ICH MICH ZU LIEBEN BEGANN, DA ERKANNTE ICH, DASS MICH MEIN DENKEN ARMSELIG UND KRANK MACHEN KANN. ALS ICH JEDOCH MEINE HERZENSKRÄFTE ANFORDERTE, BEKAM DER VERSTAND EINEN WICHTIGEN PARTNER. DIESE VERBINDUNG NENNE ICH HEUTE

HERZENSWEISHEIT.

WIR BRAUCHEN UNS NICHT WEITER VOR AUSEINANDERSETZUNGEN, KONFLIKTEN UND PROBLEMEN MIT UNS SELBST UND ANDEREN FÜRCHTEN, DENN SOGAR STERNE KNALLEN MANCHMAL AUFEINANDER UND ES ENTSTEHEN NEUE WELTEN.
HEUTE WEISS ICH:

DAS IST DAS LEBEN !

ALS ICH MICH WIRKLICH SELBST ZU LIEBEN BEGANN, HABE ICH AUFGEHÖRT, IMMER RECHT HABEN ZU WOLLEN, SO HABE ICH MICH WENIGER GEIRRT. HEUTE HABE ICH ERKANNT, DAS NENNT MAN

EINFACH-SEIN

JEDER TAG,
AN DEM DU NICHT LÄCHELST,
IST EIN VERLORENER TAG.

BESCHREIBE DEIN LEBEN MIT NUR **EINEM WORT** UND ZEICHNE DIESES WORT.

1

Mut steht am Anfang

Roman Brandstätter

Marketing Manger
Yogalehrer (Standby), Querdenker

„Mut steht am Anfang des Handelns,
Glück am Ende."
Demokrit

Erfolg

Finde Deine Berufung und habe den Mut ihr nachzugehen und der Erfolg kommt von selber.

Freude

Dein bester Freund ist der, der obwohl er Dich kennt, Dich Dein Leben lang mag und immer Dein Freund bleibt.

Entspannung

Entspannt bist Du, wenn Du nicht nervös wirst, obwohl Du mal NICHTS tust.

Vertrauen

Vertrauen lernst Du kennen, wenn Du Kinder hast. Ein Geschenk.

MUT

Habe den Mut loszulassen, die Zukunft zuzulassen und die Vergangenheit hinter Dir zulassen. (Mut + Berufung = Erfolg)

GESUNDHEIT

Gesundheit heißt nicht, dass Du NICHT krank bist. Gesund bist Du wenn Du Dich um Deinen Körper, Deinen Geist und Deine Seele gleichermaßen kümmerst, wenn Du Deinem Körper, Geist und Deiner Seele zuhörst, spürst, fit hältst und gut ernährst.

ACHTSAMKEIT

Deine innere Stimme zu hören ist eine Frage Deiner Achtsamkeit, ihr auch zu folgen eine Frage Deines Mutes.

Yoga [Sanskrit: Joch bzw. Geschirr]
Yoga (das Joch) verbindet
Körper (die Kutsche),
Geist (der Fahrer) und
Seele (der Fahrgast)
mit allen Sinnen (die Pferde).

Alles zusammen bin ICH.

So geschafft!
Ankommen

Petra Mascher
Kommunikationsberaterin & Coach, Paar- und Sexualtherapeutin

So, geschafft, bin angekommen! Jetzt gerade war ich eine Runde laufen. Ohne Ausrede, ohne „na, ich weiß nicht, ist heut ein bisserl kalt/ungemütlich draußen". Um anzukommen, ist der erste Schritt unerlässlich. Sich aus der Komfort-Zone herausbewegen, erfordert von mir, und sicher auch von Dir, ein gewisses Maß an Selbstliebe und Disziplin. In dieser Reihenfolge … Um anzukommen, muss man sich auf den Weg machen. Und dieser Weg kann manchmal ganz schön abenteuerlich sein: Berge, Schluchten, scheinbar undurchdringliche Wälder … Nebel … Das ist nicht nur im bildlichen Sinne so, auch unser Leben selbst ist gespickt von Unwirklichkeiten und Reisen mit ungewissem Ausgang. Doch das ist Leben! Es kann wunderbare Wendungen und Überraschungen geben, wenn Du Dich darauf einlässt. Und manchmal bedeutet es auch, dass Du etwas aufgeben musst, um ankommen zu können.

Ich selbst hab mich mit Ende vierzig auf die Reise in eine sehr ungewisse Zukunft begeben. Ich hatte eine fast 25-jährige Partnerschaft und wunderbare Ehe hinter mir. Zwei erwachsene Söhne noch dazu und die Gewissheit, dass ich meine Ehe nur dann weiterführen kann, wenn ich mich entweder als Frau und sexuelles Wesen aufgebe, oder ein Doppelleben

FÜHRE. DENN MEIN (JETZT EX-) EHEMANN IST HOMOSEXUELL – NEIN, NICHT BI-, NUR HOMOSEXUELL. DIESE ERKENNTNIS HATTE ER ERST NACH 10 JAHREN UNSERER EHE – UND ES WAR FÜR IHN EINE GROSSE HERAUSFORDERUNG SICH MIR ZU OUTEN. WOBEI ICH ES IMMER GEAHNT HATTE.

ICH HABE DANN NACH WEITEREN 10 JAHREN GESPÜRT, DASS ICH NICHT MEHR IN EINER LÜGE (NACH AUSSEN) LEBEN KANN UND DASS ICH ALS FRAU IN MEINER GANZEN DIMENSION GELIEBT UND BEGEHRT WERDEN MÖCHTE. AUFGEBEN GANZ ODER ZUMINDEST ZUM TEIL … EIN WUNDERBARES LEBEN, EINEN MICH LIEBENDEN EHEMANN, EIN SELBSTGEBAUTES HEIM AM LAND, DIE HEIMATSTADT, DIE FAMILIE, DIE LIEBEN FREUNDINNEN UND FREUNDE, … ALLES, UM NICHT MEHR LÜGEN, SONDERN NUR NOCH EHRLICH SEIN ZU KÖNNEN.

ICH HABE MICH AUF DEN WEG GEMACHT. HABE DIE LIEBE ZU UND MIT EINEM ANDEREN MANN ZUGELASSEN UND BIN BEI IHM GEBLIEBEN, ALS ER SAGTE „BLEIB DOCH EINFACH DA – BEI MIR …". SO LEBE ICH JETZT IN WIEN EIN NEUES, SPANNENDES UND FORDERNDES LEBEN. UND ICH BIN EIN VOLLKOMMEN ANDERER MENSCH UND DOCH GANZ ICH. DENN ICH HABE NACH 30 JAHREN NOCH EINE AUFGABE ZU BEWÄLTIGEN GEHABT: ICH HABE MEINE BISHERIGE TÄTIGKEIT IN DER WERBUNG AUFGEGEBEN UND EINE NEUE AUSBILDUNG GEMACHT. AUCH HIER KONNTE ICH DIE UNEHRLICHKEIT NICHT MEHR ERTRAGEN – WERBUNG HAT SELTEN ETWAS MIT WAHRHEIT ZU TUN.

SO BIN ICH AUCH BERUFLICH ANGEKOMMEN UND HABE MEINE BESTIMMUNG GEFUNDEN. MIT ETWAS, DAS MIR SCHON IMMER FREUDE BEREITET HAT: ICH STELLE FRAGEN, BIN NEUGIERIG UND BEGLEITE MENSCHEN DABEI, FÜR SICH LÖSUNGEN ZU FINDEN.

Was könnte denn Deine Aufgabe sein?

Wo möchtest Du ankommen?

Wenn Du Dich das jetzt fragst, dann sei geduldig mit Dir und horch gut in Dich hinein. Vielleicht magst Du Dich an einen Baum lehnen oder ihn umarmen und Dich so durch seine Wurzeln mit der Erde und durch seine Krone in luftiger Höhe mit dem Universum verbunden fühlen. Vielleicht kommt die Botschaft, die Du gerne hören möchtest, dann bei Dir an. Und dann:

Mach Dich auf den Weg,
er wird schön sein –
mit und wegen all seiner Herausforderungen
denn es ist DEIN Weg.

7 gute Fragen zum Tag

1 Was macht mich dankbar?

2 Was hat mich heute zum Lächeln gebracht

3 Wie fühle ich mich gerade?

4 Wie kann ich anderen heut ein gutes Gefühl geben?

5 Was habe ich heute gelernt?

6 Was kann ich morgen besser machen?

7 Was kann ich jetzt machen, dass es morgen besser wird?

reAKTION

Alexandra Mitterndorfer-Chudoba
Baumeisterin

Ich denke, dass es Momente im Leben gibt, da hat man das Glück, dass einem Großartiges wiederfährt. Da trifft man Menschen, die einen inspirieren ... da passieren Umstände, die einem den eigenen Weg erkennen lassen ... da liest man ein Buch das einem das Gefühl gibt, einen kleinen Moment das Ganze erahnen zu können. Ein Buch, das einem nie wieder aus dem Kopf geht, ein Buch, das etwas mit einem macht.

Kennst Du das LOL²A- Prinzip von René Egli? Für mich ist das so ein Buch. Es beschreibt einen Umgang mit dem Leben, den ich sehr gut nachvollziehen kann. Es zeigt auf, dass die Energie eines Menschen auf reiner Physik basiert.
Das LO steht für Loslassen, das L für die Liebe und das A für die Aktion. Das L2 im Wort LOL2A steht für die Tatsache, dass sich die Leistung eines Menschen beim Einsatz von Liebe nicht einfach linear erhöht, sondern im Quadrat.

Loslassen

Ich habe mit meinen Töchtern (als sie noch klein waren) Papierschiffe gebastelt. Ich habe gefaltet und die Mädchen haben sie bemalt. Ganz liebevoll, jedes ein kleines Kunstwerk. Dann sind wir zur Fischach gefahren (ein Bach, der durch unseren Ort fließt) und wollten sie schwimmen lassen.

„Gegenüber jeder Aktion steht eine Reaktion"
Sir Isaac Newton

PLÖTZLICH HABEN DIE MÄDCHEN GEMEINT, DASS DIE BOOTE VIEL ZU SCHÖN SIND, UM SIE ZU WASSER ZU LASSEN... DANN SIND SIE DOCH VERLOREN FÜR UNS! WIR HABEN UNS ANS UFER GESETZT UND DARÜBER NACHGEDACHT, WOFÜR EIN PAPIERSCHIFF EIGENTLICH GEBAUT WIRD UM IN EINEM ALBUM ZU KLEBEN, WO ES FAST NIE BETRACHTET WIRD? ODER UM IN DIE WELT HINAUS ZU FAHREN, ABENTEUER ZU ERLEBEN, DEN MENSCHEN FREUDE ZU BEREITEN, DIE SIE ENTDECKEN, DIE FISCHE STAUNEN LÄSST UND WENN SIE AM BODEN DES BACHES LIEGEN, ZIEHT VIELLEICHT EIN EINSIEDLERKREBS EIN ... WIR HABEN SIE ALLE FAHREN LASSEN UND DENKEN NOCH HEUTE AN DIESEN TAG ZURÜCK.

DIE GESCHICHTEN, DIE WIR UNS ZU DEN SCHIFFEN AUSGEDACHT HABEN, WAREN SO FANTASIEVOLL UND HABEN UNS SO VIEL SPASS GEMACHT ... WENN WIR SIE BEHALTEN HÄTTEN, WÜRDEN WIR UNS WOHL KAUM MEHR AN DIESEN TAG ERINNERN.

ICH DENKE, DASS DAS LEBEN WIE DIESER BACH IST.

ALLES MUSS FLIESSEN, PANTA RHEI ... STILLSTAND UND FESTHALTEN MACHT UNS MÜDE, WENN ETWAS NICHT MEHR ZU MIR PASST, WENN ETWAS VON MIR WEG WILL, WENN ETWAS EINE ANDERE BESTIMMUNG HAT, MUSS ICH ES LOSLASSEN KÖNNEN, DAMIT ETWAS ANDERES, NEUES, GROSSARTIGES ENTSTEHEN KANN.

♥ LIEBE

LIEBE IST LIEBE. PUNKT. WENN MAN FRAGT, WAS LIEBE IST, BEKOMMT MAN VIELE VERSCHIEDENE ANTWORTEN ... EIN SCHÖNES GEFÜHL, EINE KRAFT, EIN BLÖDSINN, TOTAL PEINLICH, SCHÖN UND SCHMERZHAFT ... ICH DENKE, LIEBE IST EINE ENERGIE, MIT DER ALLES BESSER WIRD. JEDER KONFLIKT LÄSST SICH MIT LIEBE LEICHTER BEWÄLTIGEN, JEDE SCHÖNE SITUATION WIRD MIT LIEBE NOCH VIEL SCHÖNER ... JEDER

Mensch, jedes Tier, jedes Ding wird mit Liebe betrachtet liebenswerter. Liebe ist eine Energie, die verbindet und nicht trennt.

AKTION = REAKTION
Gedanken sind Energie. Taten sowieso.

Was ist die Welt? Die Welt ist das, was wir von ihr denken. Die Situation ist das, was ich von ihr denke. Der Urlaub ist das, was ich über ihn denke. Die Freundin ist das, was ich über sie denke. Der Mitarbeiter ist das, was ich über ihn denke. Ich selbst bin das, was ich über mich denke.

Ich liebe es, Averna mit Eis und frisch gepressten Orangen zu trinken ...okay, das ist jetzt ein etwas Alkohol getränktes Beispiel... aber für mich sehr griffig, da es mir aufzeigt, dass es nicht immer leicht ist, seine Gedanken zu beherrschen... ist das Glas nach einiger Zeit nun halb voll oder halb leer ... Es ist immer die gleiche Menge im Glas, aber es fühlt sich anders an, je nachdem, wie ich darüber denke. Mein erster Impuls ist natürlich... oh! oh! schon so viel weg (schon halb leer), ich will mehr von dem köstlichen Getränk ... der zweite Impuls ist dann Dankbarkeit, dass ich überhaupt so etwas Köstliches vor mir stehen habe, dass ich noch lange (halb voll) genießen kann.

Ich habe immer die Wahl, wie ich darüber denke, das gibt mir eine große Freiheit ... meiner Meinung nach, ist diese freie Wahlmöglichkeit die größte Macht, die wir Menschen besitzen. Die logische Konsequenz daraus ist natürlich, dass wir über diese Macht Verantwortung übernehmen müssen. Das heißt natürlich auch, dass es nicht mehr funktioniert, sich in die Opferrolle zurückzuziehen. Niemand anders ist verantwortlich für meine Gedanken oder Taten, nur ich selbst. ... Genug philosophiert, ich denke, ich hol mir jetzt ein neues Glas Averna...

DIESE 3 PARAMETER SIND FÜR MICH DER SCHLÜSSEL FÜR EINE GEWISSE ZUFRIEDENHEIT,

JA VIELLEICHT DER SCHLÜSSEL ZUM GLÜCK. ODER BESSER DIE FORMEL, AUF DIE MAN ALLES HERUNTERBRECHEN KANN, WENN DAS LEBEN WIEDER MAL ALS SEHR KOMPLIZIERT ERSCHEINT … JA UND DANN? DURCHATMEN, NACHDENKEN BZW. NACHFÜHLEN UND MUTIG HANDELN

♥ ♥ ♥ ♥ ♥ ♥ ♥ ♥ ♥ ♥ ♥ ♥ ♥ ♥ ♥ ♥
♥

DEINE AUFGABE

SCHREIBE DEINE GESCHICHTE AUF EIN BLATT PAPIER, FALTE DARAUS EIN SCHIFF UND SUCHE DIR EINEN BESONDEREN PLATZ, UM ES MIT FREUDE LOSZULASSEN.

NAME DEINES BOOTES HIER HERSCHREIBEN →

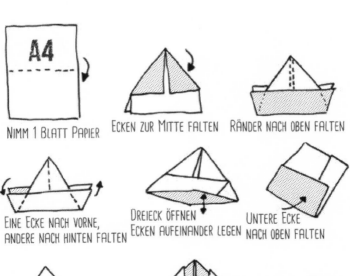

NIMM 1 BLATT PAPIER   ECKEN ZUR MITTE FALTEN   RÄNDER NACH OBEN FALTEN

EINE ECKE NACH VORNE, ANDERE NACH HINTEN FALTEN   DREIECK ÖFFNEN ECKEN AUFEINANDER LEGEN   UNTERE ECKE NACH OBEN FALTEN

ECKEN ZUSAMMENDRÜCKEN   AUSEINANDERZIEHEN   LOS GEHT'S SCHIFF AHOI!

MOTIVATION

MOTIV + ANTRIEB = ERFOLG

MOTIVATION IST WOHL EINER DER BEDEUTENDSTEN FAKTOREN IM LEBEN, WEIL ES OHNE MOTIVATION AN ANTRIEB FEHLT, UM SEINE ZIELE ZU ERREICHEN.

WENN DU FÜR EINE SACHE, EIN PROJEKT EIN LEBENSZIEL MOTIVIERT BIST, WENN DIESES FÜR DICH SINN MACHT, DANN ERHÖHT SICH DIE WAHRSCHEINLICHKEIT, ERFOLGREICH ZU SEIN, WEIL DU BEREIT BIST, MEHR ZEIT, ENERGIE UND FOKUSSIERUNG IN DEINE SACHE ZU INVESTIEREN. HIERBEI IST WICHTIG, DASS DU DARAUF ACHTEST, DASS DIE ZIELE DEINE ZIELE SIND (INTRINSISCH MOTIVIERT) UND DASS DU NICHT EXTRINSISCH MOTIVIERT AGIERST. INTRINSISCH MOTIVIERTE MENSCHEN INVESTIEREN OFT IHRE GANZE ENERGIE UND LEIDENSCHAFT IN DIE ERREICHUNG DER ZIELE UND SIND MIT HERZBLUT MIT DABEI.

EXTRINSISCHE MOTIVATION IST RISKANT, WEIL BEIM WEGFALL DER ANREIZE, WIE ANERKENNUNG, MACHT, GELD, ZUGLEICH AUCH DIE MOTIVATION DAMIT VERSCHWINDET, WEIL DIESE MOTIVATION NICHT VON DIR AUSGEHT, SONDERN MEISTENS ÄUßERE ABHÄNGIGKEITEN VORAUSSETZT.

SETZE DIR IMMER KLARE ZIELE UND SEI EHRLICH ZU DIR SELBST. REDE DIR DIE DINGE, DIE ZIELE NICHT SCHÖN, DENN DU MUSST DICH OHNEDIES IRGENDWANN DER WAHRHEIT STELLEN - DIE IST DANN MEISTENS BITTER UND DEINE MOTIVATION IST DAHIN.

Wer etwas will, findet Wege.
Wer etwas nicht will, findet Gründe.

MOTIVATOREN + WÖRTER

WAS SIND DEINE MOTIVATOREN?

MOTIVATOREN UND POSITIVE WÖRTER BESITZEN EINE BESONDERE KRAFT. NICHT UMSONST HEISST ES „DER TON MACHT DIE MUSIK".

MARKIERE SPONTAN DEINE POSITIVEN WÖRTER MIT EINEM **GELBEN MARKER**. DIE WÖRTER, DIE FÜR DICH SICHER NICHT ZUTREFFEN, MIT EINEM **ROTEN MARKER**.

ACHTSAM IDEALISMUS AMÜSANT CHANCENGLEICH SAUBER ANERKENNUNG EFFEKTIV FÄHIG ANSTAND ANGENEHM AUFMERKSAMKEIT HEILIG AUSGELASSENHEIT HEITER CHARISMATISCH AUSGEWOGENHEIT ANSTAND GENIESSEN FANATISCH EHREN AUSZEICHNUNG NOBEL INSPIRATION MAKELLOS ATTRAKTIV LÄCHELN BEDEUTUNG BEEINDRUCKT BEGEISTERUNG BEHAGLICHKEIT EHRGEIZIG TADELLOS BEWUNDERUNG EDEL SCHWUNGVOLL CHANCE CHARISMA BEGEISTERT CHARME DANKBARKEIT HELFER CHARMANT EHRLICHKEIT FASZINIEREND STÄRKE RENOMMIERT NIEDLICH EINIGKEIT ENERGIE EIFRIG ENTSPANNUNG ERFOLG WERTVOLL DANKBAR ERFÜLLUNG INTERESSE FEHLERFREI FREIHEIT HELLIGKEIT FREUDE FREUNDE EINDEUTIG LEBENDIG FRÖHLICHKEIT BEKRÄFTIGEN GABE GEDULD EINDRUCKSVOLL MALERISCH FEIERLICH GENIAL GEGENSEITIGKEIT RICHTIG TOLERANT AUFMERKSAM HERAUSRAGEND GEMEINSCHAFTSGEIST INTUITIV GESUNDHEIT TREU FESSELND GLÜCK GROSSZÜGIGKEIT EINFALLSREICH LEIDENSCHAFT GÜTE FESTLICH OFFEN MEISTERHAFT NUTZBRINGEND HARMONIE TRIUMPHIEREND HEITERKEIT STIL GEWINNER HILFSBEREITSCHAFT ELEGANT LIEBEND DURCHDACHT HOFFNUNG FREUNDLICH ORGANISIERT IDEALISMUS HERRLICH INTUITION MUT IDEENREICHTUM

BELIEBT UNBESCHWERT IDYLLE INSPIRATION INTERES...

INVESTIEREN KÖSTLICHKEIT KRAFT ELEKTRISIEREND FRISCH ...

KREATIVITÄT LÄCHELN LEBENSLUST LEBENDIGKEIT JUBEL

AUSGELASSENHEIT LEBENSFREUDE LEICHTIGKEIT REIBUNGSLOS LEIDENSCH...

LIEBE UMSICHTIG KLAR LUXUS MEISTERWERK MUT NÄHE OFFENHEIT

ORIGINALITÄT ENERGISCH PRACHT QUALIFIZIERT ERFOLGREICH PRESTIGE

PÜNKTLICHKEIT BELOHNUNG HÖFLICH REICHHALTIGKEIT REICHTUM RESPEKT

RICHTIGKEIT ERFREUT GÜNSTIG RÜCKSICHT ERSTKLASSIG SCHÖNHEIT PRICKELND

SELIGKEIT UNWIDERSTEHLICH BEREICHERUNG GESUND SEX PERFEKT SICHERHEIT

HOFFNUNG FRÖHLICH GERN STILVOLL REICH SORGFALT VERFÜHRERISCH SPASS

SPONTANITÄT LOBENSWERT KOMPETENT STÄRKE SELBSTLIEBE SYMPATHIE

TOLERANZ TREUE EUPHORISCH PHÄNOMENAL ÜBERRASCHUNG KONSTRUKTIV

GEFEIERT BEWÄHRT UNBESCHWERTHEIT IDEAL UNTERSTÜTZUNG STOLZ

VERBESSERUNG RESPEKTVOLL VERBUNDENHEIT VEREHRUNG WENDIG VERGNÜGT

GESCHÄTZT PÜNKTLICH VERLOCKUNG KÖSTLICH VERSPIELTHEIT LIEBENSWERT

VERSTÄNDNIS FURCHTLOS VERTRAUEN BEWUNDERND ROMANTISCH VIELFALT

WÄRME AUSZEICHNUNG EXZELLENT HOCHGESCHÄTZT SELBSTLOSIGKEIT

WILLENSKRAFT MOTIVIEREND PRACHTVOLL WOHLBEFINDEN WOHLSTAND WÜRDE

BRÜDERLICH KRAFT WUNDER POSITIV ZAUBER LIEBENSWÜRDIG RÜCKSICHTSVOLL

SELBSTSICHERHEIT ZUSAMMENHALT LUKRATIV GESCHICKT ZUVERLÄSSIGKEIT

GESICHERT HILFE VERANTWORTUNGSVOLL WOHLERZOGEN GEDULDIG ZUWENDUNG

BUNT ZIELE SPASS PRALL SOLIDARISCH GROSSZÜGIG ZUGEHÖRIGKEIT GÜTE

HUMORVOLL LUXURIÖS MUTIG PRESTIGE KREATIVITÄT SYMPATHISCH VERSPIELT

WÜRDE

Motivierte Menschen
„MACHEN DAS GEWÖHNLICHE
außergewöhnlich gut."

WAS MICH ANTREIBT

EVA-MARIA MANGER-WIEMANN
MANAGING PARTNER CARDEA AG, META-NETZWERKERIN MIT HERZ

NEUGIERDE (KEIN STILLSTAND), INTERESSE AN DEN MENSCHEN, DISKUSSION, WISSENSDRANG, MEINE INTUITION, „GEBEN STATT NEHMEN"
WENN ICH KURZ IN WENIGEN SEKUNDEN OHNE GROSSE REFLEXION MEINEN BEIDEN KINDERN EINEN RATSCHLAG FÜR EIN ERFOLGREICHES, SELBSTBESTIMMTES LEBEN MITGEBEN MÜSSTE, WÜRDE MIR FOLGENDES EINFALLEN:

Der Rucksack muss gut gepackt sein!

SEID IMMER NEUGIERIG UND OFFEN.

BLEIBT NIEMALS STEHEN UND VERSUCHT, EUCH IMMER WEITER ZU ENTWICKELN UND NICHT ZU SEHR AUF VERGANGENES ZU FOKUSSIEREN ODER EUCH MIT NEGATIVEN EREIGNISSEN DES LEBENS AUFZUHALTEN UND EUCH ZU BEDAUERN. JEDER TAG BIETET NEUE CHANCEN UND MÖGLICHKEITEN. DENKT „GROSS, ÜBER DEN HORIZONT HINAUS" UND GROSSZÜGIG. DAS STREBEN NACH FREIHEIT ALS WICHTIGES GUT EINES SELBSTBESTIMMTEN UND UNABHÄNGIGEN LEBENS BEDEUTET, SELBER SEIN LEBEN GESTALTEN ZU DÜRFEN UND AUF DEM WEG DORTHIN IST ES HILFREICH, ERKENNTNISSE UND FÄHIGKEITEN ZU SAMMELN UND DIESE DANN ZU NUTZEN. FÜR EUCH SELBER, ABER AUCH FÜR ANDERE. WISSENSANEIGNUNG GEHÖRT DAZU, UM AUSLEGEORDNUNGEN ZU ENTWERFEN, DIE EIGENE ENTSCHEIDE - SEI ES BERUFLICH WIE AUCH PERSÖNLICH

- ermöglichen. Genauso wichtig ist aber die Fähigkeit, auf sein Herz und die Intuition zu hören - wer mit dem Herzen sehen kann, wird langfristig immer gewinnen, dies wissen wir nicht erst seit dem kleinen Prinzen.

Mut gehört auch dazu, aber nicht jeder von uns kann aus gewissen Lebensumständen heraus immer mutig sein; mir hat Mut geholfen weiterzukommen, aber niemals im Sinne von unüberlegtem Handeln, sondern aus innerer Überzeugung heraus und nach reiflicher Prüfung. Und: Erfolg ist nicht nur an Materielles geknüpft, obgleich materielle Sicherheit vieles erleichtert und Freiheit im Gestaltungshorizont verschafft.

„Vertrauen ist die schönste Form von Mut."

Erfolg ist auch Vertrauen - Vertrauen in andere und in euch selbst. Durch diese Perspektive auf Erfolg und ehrliches Handeln gewinnt man das Vertrauen und den Respekt der anderen. Und jede Begegnung mit Menschen bringt einen selbst weiter - solange man auf Augenhöhe miteinander umgehen kann und nicht kalkuliert. Daran glaube ich und dies hat mich dorthin gebracht, wo ich heute stehe. Andere glücklich zu machen, zu geben und an die anderen oder für andere zu denken, war immer erfüllend für mich, und hat mir selbst sehr viel zurückgegeben, das mich genährt hat für neue Taten und Aktivitäten. Sich an kleinen, manchmal beinahe unwesentlichen Dingen, Fortschritten, Ereignissen, zu erfreuen, das nährt, gibt Kraft und kann glücklich machen.
Und vergesst dabei niemals Humor und die Fähigkeit zu lachen und nehmt euch selbst nicht zu wichtig, aber verliert dennoch nie den Glauben an euch, das hilft vor allem in Momenten des Zweifels und bei Rückschlägen.

„Wenn Du die Absicht hast
Dich zu erneuern,
tue es jeden Tag."
Konfuzius

„Humor ist die Kunst,
sich selbst und die Umstände
nicht so ernst zu nehmen."

„DIE STRASSE ZUM ZIEL FÜHRT IMMER ÜBER DAS HERZ."

SKITOUR

MORGEN IST ES SOWEIT: ICH WERDE MIT MEINEM FREUND CHRISI ZU EINER SKITOUR BEI TRAUMHAFTEM WETTER AUFBRECHEN. JETZT AM VORABEND NOCH SCHNELL ALLES ZUSAMMENGEPACKT, DAMIT WIR IN DER FRÜH UNVERZÜGLICH UM 06:30 UHR STARTEN KÖNNEN - ICH FREUE MICH SCHON SEHR.

GUTEN MORGEN! LOS GEHT'S - ALLES LÄUFT WIE AM SCHNÜRCHEN, EINFACH PERFEKT UND WIR SIND WIE GEPLANT BEI SONNENAUFGANG MIT UNSEREN TOURENSKIERN BEIM EINSTIEG IN DIE ATEMBERAUBENDE BERGWELT - ES FEHLTE NUR EINE KLEINIGKEIT - MEINE SKI-FELLE! ‹‹‹ K A T A S T R O P H E ›››
KEIN LICHT AM ENDE DES TUNNELS, EINFACH EINE ECHTE KATASTROPHE - WIR KÖNNEN JETZT AB-BRECHEN, BEVOR DIE TOUR ÜBERHAUPT STARTET.

EIN SCHLECHTES GEWISSEN MEINER-SEITS MACHTE SICH BREIT, ABER CHRISI ZEIGTE VIEL VERSTÄNDNIS, OBWOHL ER MIR SICHERLICH AM LIEBSTEN DIE FELLE ÜBER DIE OHREN GEZOGEN HÄTTE (DIE WAREN ABER NICHT DA).... UND ER WÄRE DAZU VIEL ZU NETT!

In dieser wirklich blöden Situation bot Chrisi sogar an „wieder umzudrehen, nach Hause zu fahren" - einfach abzubrechen, bevor es überhaupt so richtig begonnen hat. Ein wirklich beklemmendes Gefühl machte sich bei mir breit: all die Vorfreude, Vorbereitung umsonst, wegen einer Kleinigkeit, wegen der blöden Ski-Felle! … Das kann doch nicht wahr sein!

Es ist wie es ist und so wie es ist, so ist es gut!

So ist es manchmal im Leben, dass man sich unglaublich darauf freut, sich gut vorbereitet, in der ganzen Euphorie aber doch eine Kleinigkeit vergisst - die sich in der Situation zur entscheidenden „Großigkeit" entwickelt - und plötzlich sogar der Grund für das Scheitern sein kann.

Alles worauf man sich gefreut hat, ist verflogen, man steht vor dem Punkt, an dem man sich eingestehen muss, dass man so nicht weiterkommt, vielleicht sogar gänzlich gescheitert ist. Hier und jetzt Zeit zu investieren, warum passiert das gerade mir, gerade jetzt - zumal ich doch wirklich an alles gedacht habe?

Solche Selbstzweifel-Vorwürfe bringen nichts und helfen Dir in der Situation nicht weiter. An solchen Entscheidungspunkten entsteht jedoch sehr oft eine hohe Lösungskreativität, wenn es Dir gelingt innezuhalten, nachzudenken und Optionen - möglicherweise verrückte Optionen - zu überlegen.

SKITOUR GEHEN ....

OSKAR ZU FUß AH ...

JA DARIN STECKT DIE

LÖSUNG!

ICH HABE **SKI**,

EINE GEPLANTE **TOUR**

UND KANN **GEHEN**.

WER SAGT DENN, DASS ES FÜR EINE SKITOUR NOTWENDIG IST, FELLE MITZUNEHMEN. GEDACHT, GETAN - ICH NEHME DIE STÖCKE IN DIE LINKE HAND, DIE SKIER IN DIE RECHTE HAND - LÄCHLE ZU CHRISI UND SAGE - LOS GEHT'S.

„MEINST DU DAS ERNST?", FRAGT ER MICH MIT GROßEN AUGEN. „YES!"

„DANN WÜRDE ICH ABER ZUMINDEST DEINE SKI AUF DEN RUCKSACK SCHNALLEN, DAMIT DU DEINE HÄNDE ZUM GEHEN FREI HAST", WAR DER SPONTANE, GUTE INPUT VON CHRISI.

AUßENSTEHENDE SEHEN DINGE OFTMALS KLARER ALS EMOTIONAL BETROFFENE IN EINER AUSNAHMESITUATION.

SO IST ES OFT IN SCHWIERIGEN SITUATIONEN, WENN DU BEREIT BIST MIT NEUEN LÖSUNGEN, NEUE WEGE ZU GEHEN, DANN KOMMEN OFTMALS NOCH GUTE VERBESSERUNGSVORSCHLÄGE AUS DEINEM UMFELD, DIE DU BEACHTEN SOLLTEST. AUCH HIER HAT SICH DIE GEHVARIANTE AUF DEM EISIGEN UNTERGRUND SOGAR ALS BESSERE OPTION HERAUSGESTELLT UND IM NACHHINEIN BETRACHTET, WAR ES EIN GLÜCK, DASS ICH MEINE FELLE VERGESSEN HATTE.

IN WELCHER SCHWIERIGEN SITUATION HATTEST DU ERFOLG?
BESCHREIBE UND ZEICHNE DEINE SITUATION HIER

ERFOLG

HAT 3 BUCHSTABEN TUN

ERFOLG IST DAS ERREICHEN DER SELBSTGESTECKTEN ZIELE. HAST DU SCHON EINMAL NACHGEDACHT, WIE UND OB DU ERFOLGREICH BIST - IM WISSEN, DASS ERFOLG DANN FOLGT, WENN DU DIR SELBER FOLGST. ERFOLGREICHE MENSCHEN VERLASSEN IHRE KOMFORTZONE, HANDELN ZIELORIENTIERT UND SIND ENTSCHEIDUNGSFREUDIG IM WISSEN, DASS SIE SICHERLICH NICHT ALLES RICHTIG MACHEN WERDEN - BEI FEHLERN, NACH DEM SCHEITERN STEHEN SIE WIEDER AUF, UM WEITERZUGEHEN.

„Ich kenne das Geheimnis des Erfolges nicht.
Aber ich kenne das Geheimnis des Misserfolges:
es allen recht machen zu wollen."
Stefan Kretzschma

„Es ist gut, Erfolge zu feiern, aber es ist wichtiger,
die Lektionen des Misserfolgs zu beachten"
Bill Gates

„Ziel des Lebens ist es nicht, ein erfolgreicher
Mensch zu sein — sondern ein Wertvoller."
Albert Einstein

Es liegt allein in Eurer Hand

In einem fernen Ort lebte ein alter weiser Mann. Er war beliebt im ganzen Land. Wann immer einer seiner Mitmenschen Sorgen hatte, ging er zu ihm, um Rat zu holen; denn der alte weise Mann konnte aus einer reichen Lebenserfahrung schöpfen und gab stets guten Rat.

Dies wiederum machte seine Mitbürger neidisch, die selbst gern für klug und weise gehalten worden wären. Sie beschlossen, dem alten Mann eine Falle zu stellen. Aber wie? Nach längerem Nachdenken kam man auf folgende Idee: Man wollte ein winziges Mäuslein fangen, es dem alten Mann in der geschlossenen Hand präsentieren und ihn fragen, was sich in der Hand befinde. Sollte der alte Mann die Frage wider Erwarten richtig beantworten, so würde er mit Sicherheit an einer weiteren Frage scheitern, nämlich der, ob es sich bei dem Mäuslein um ein lebendes oder um ein totes handele. Würde er nämlich sagen, es handele sich um ein lebendes, so könne man die Hand zudrücken und das Mäuslein sei tot. Würde er hingegen sagen, es handele sich um ein totes Mäuschen, so könne man die Hand öffnen und das Mäuschen herumlaufen lassen. So vorbereitet, erschien man vor dem alten, weisen Mann und fragte ihn wie beabsichtigt.

Nach wenigen Überlegungen antwortete der alte, weise Mann auf die erste Frage: „Das, was ihr in der Hand haltet, kann nur ein winziges Mäuslein sein." „Nun gut", sagten die Neidischen, „da magst du recht haben, aber handelt es sich um ein lebendes oder um ein totes Mäuslein?" Der alte, weise Mann wiegte seinen Kopf eine Weile hin und her, dann schaute er seinen Mitbürgern in die Augen und sagte:

„Ob das, was ihr in der Hand habt, lebt oder tot ist, das liegt allein in eurer Hand."

QUID PRO QUO
ERFOLGREICH SEIN
& BLEIBEN

Univ.Doz. MMag. Dr. Rainer Holzinger
Psychologe, H&H Institut

Immer wieder kommen Menschen in meine Praxis, um von mir das Rezept für Erfolg zu erfahren. Allein durch meine Arbeit mit Spitzensportlern und prominenten Künstlern müsste ich doch die Zutaten kennen. Und nun wollen sie von mir erfahren wie's geht; und zwar nach dem Motto

QUID PRO QUO
Der Kunde zahlt und ich lüfte quasi das Geheimnis...

Dahinter verbergen sich jedoch zwei Denkfehler. Beide sind dem momentanen Zeitgeist geschuldet. Da ist zum einen der Irrglaube, man könne sich alles kaufen. Diese Konsum-Mentalität versagt aber spätestens dann, wenn der Besitz zwar notwendig, aber nicht hinreichend ist. Und hier gesellt sich der zweite falsche Gedanke hinzu, nämlich, dass zuschauen und zuhören reicht, um Experte zu werden. Wie viele Couch-Potatos sind doch tatsächlich der Meinung, vom Wohnzimmer aus die besseren Entscheidungen treffen zu können als die am Bildschirm Agierenden: „Wie kann der Schiedsrichter nur so blöd sein ..."

Was aber kannst/musst Du tun, um erfolgreich zu sein und auch zu bleiben? Denn es gibt sie tatsächlich, nützliche Erklärungen und Hilfestellungen für die Gewinner dieser Welt. Folgende 3 Punkte sollen einen ersten Einblick in das umfangreiche Gebiet des gehirngerechten Coachings geben und Dir helfen, von den Besten der Besten zu lernen ...

Quid pro quo (Lat. für „dies für das")

ist ein Rechtsgrundsatz und ökonomisches Prinzip, nach dem eine Person, die etwas gibt, dafür eine angemessene Gegenleistung erhalten soll. Vergleichbar ist es mit den ebenfalls lateinischen Sprichwörtern

Manus manum lavat

(„Eine Hand wäscht die andere") und

Do ut des

(„Ich gebe, damit Du gibst").

1 WIE WIRKLICH IST DIE WIRKLICHKEIT"

So lautet ein bekanntes Buch vom bereits verstorbenen aber unsterblichen Kommunikations-Wissenschaftler und Psychotherapeuten Paul Watzlawick. Wir alle machen uns ständig ein Bild von der Welt, ja auch Du! Dabei wird allerdings in Deinem Gehirn definitiv mehr erfahrungsbezogen interpretiert als realitätsgetreu analysiert. Und sobald Du Dir dann eine Meinung gebildet hast wird es erst recht fantastisch im worteigenen Sinn: Was Deine Sicht zu bestätigen scheint bekommt die volle Aufmerksamkeit, nicht konform laufende Inhalte werden im Extremfall schlichtweg ignoriert. So entstehen Vorurteile, und die führen nicht selten zu Verurteilungen. Ja, wir Menschen werden der Welt nicht gerecht! Ist das nun gut oder schlecht? Beides! Denn hier liegt der Ursprung für negatives Gedankengut, aber auch für optimistische Herangehensweisen. „Es sind nicht die Dinge, die Dein Leben beeinflussen, sondern die Sicht über die Dinge" schreibt Epiktet bereits 100 nach Christus und bringt es auf den Punkt. Erfolgreiche Menschen unterscheiden sich von Versagern definitiv durch ihre Einstellung, und zwar gegenüber dem uns begegnenden Guten, als auch dem auftretenden Schlechten. Sich mit Unvermeidlichem rasch abzufinden, aus Fehlern gern zu lernen und bei Problemen möglichst schnell zur Lösungsfindung überzugehen, heißt: Aus allem das Beste zu machen - ein erster wichtiger Punkt, um erfolgreich zu sein und erfolgreich zu bleiben!

2 DISZIPLIN DURCH MAß UND ZIEL

TRÄUMST AUCH DU DAVON, EIN TALENT ZU HABEN WIE WOLFGANG AMADEUS MOZART ODER CRISTIANO RONALDO? WAS ABER SAGT DIE WISSENSCHAFT ZUM BEGRIFF „BEGABUNG"? INSPIRATION OHNE TRANSPIRATION FÜHRT NICHT ZUM ERFOLG! „OHNE FLEIß KEIN PREIS" BESTÄTIGT DIESE SICHTWEISE AUCH EIN ALLSEITS BEKANNTES DEUTSCHES SPRICHWORT. MÖCHTEGERN-STARS ABER DREHEN DEN SPRUCH EINFACH UM, LEBEN NACH DEM MOTTO „OHNE PREIS KEIN FLEIß" UND WUNDERN SICH, WARUM SICH DER ERFOLG DANN BESTENFALLS KURZFRISTIG EINSTELLT. DIE EINEN WOLLEN ETWAS DARSTELLEN, ETWAS HABEN BZW. ERREICHEN; DIE ANDEREN ABER WOLLEN PRIMÄR ETWAS TUN. LETZTERE WERDEN DEN LÄNGEREN ATEM HABEN. SIE BEWEGEN SICH HERAUS AUS DER VERFÄNGLICHEN KOMFORTZONE UND LERNEN, OBJEKTIV GESEHEN LANGWEILIGE TÄTIGKEITEN LIEBEN. DAMIT SCHAFFEN SIE DIE BASIS FÜR HÖCHSTLEISTUNG, NÄMLICH FACHLICHES KÖNNEN DURCH KONSTRUKTIVE DETAILVERLIEBTHEIT UND IN FOLGE: KONSTANTE DISZIPLINBEREITSCHAFT - EIN ZWEITER WICHTIGER PUNKT, UM ERFOLGREICH ZU SEIN UND ERFOLGREICH ZU BLEIBEN!

Erfolg

3 (Sparring-) Partner

Perfektionistische Tendenzen sind essentiell für Deinen Weg nach oben! Sie können aber auch kontraproduktiv sein; wenn Du nämlich plötzlich nicht mehr Steuermann des Perfektionismus bist, sondern als dessen Sklave fungierst. Was heißt das? Der Perfektionismus soll der Sache dienen, nicht primär der Selbstwerterhaltung. Er darf auch nicht zur Profilierungsneurose entarten. Dafür braucht es aber immer wieder einmal eine objektive Sicht von außen; keine Bewunderungszwerge, sondern echte Feedback-Geber. Sie decken nüchtern auf, wo Du Dir im Weg stehst, aber auch, warum das so ist und was sich dagegen machen lässt. Gerade die Besten der Besten dürfen nie damit aufhören, sich selbst und die ihnen so wichtige Profession immer wieder in Frage zu stellen; bereits zu Gewohnheiten Gewordenes muss beharrlich ob der aktuellen Adäquatheit hinterfragt, Neuem gegenüber mit Neugier und Frustrationstoleranz begegnet werden. Nicht immer klappt das allein, sondern braucht Unterstützung von außen. Wichtig dabei ist aber, dass diese stets als „Hilfe zur Selbsthilfe" angeboten wird und Abhängigkeiten tunlichst vermieden werden. Warum? Weil so die alles entscheidende echte Selbstwirksamkeit erlebt werden kann („Ich habe es mit meinen eigenen Ressourcen geschafft!"). Nur eine derartige Erfahrung - nämlich eine durchwegs stressige, aber in geschütztem Rahmen wohlwollend begleitete - verhindert das Entstehen von hemmenden Gefühlen wie Angst, Minderwertigkeit oder Alleinsein und schafft stattdessen einen langfristig stabilen Selbstwert - ein dritter wichtiger Punkt, um erfolgreich zu sein und erfolgreich zu bleiben!

Mut & Erfolg

Daniel Happacher
CEO, Designer, A&R Management, Rotes Kreuz
Digitaler NETTworker

Als ich mich damals dazu entschied mein Projekt zu starten, war ich noch sehr jung und unerfahren. Ich setzte mich selbst immer wieder unter Druck, habe nächtelang gearbeitet und wenig geschlafen. Das war für meine Gesundheit sicher nicht von Vorteil. Durch meine Arbeit beim Roten Kreuz durfte ich dann viele Ausbildungen absolvieren, die mir auch privat sehr viel gebracht haben. Ich fing mich an zu fragen: Was ist eigentlich Erfolg?

Was bedeutet dieses Wort?

- Erfolg -

Ein Wort, das auf vielen Grundsteinen baut, aber auch viele Bedeutungen hat. Um etwas zu schaffen, muss ich mutig sein. Damit ich es überhaupt beginne muss ich motiviert sein und um diese Motivation zu halten muss ich Spaß/Freude daran haben. Denn wer Spaß an etwas hat, macht es gerne und ist glücklich dabei. Damit alles funktioniert, muss ich mich jedoch auch mal zurücknehmen, eine Pause machen, einfach ausruhen. Doch ist es nicht auch Erfolg, wenn ich tolle Partner an meiner Seite habe? Wenn ich Freunde, Familie und Kinder habe? Wenn ich glücklich bin und es mir gut geht?

DEN MUT UND DIE AUSDAUER ZU HABEN, DAS PROJEKT ZU STARTEN, IMMER WIEDER DAZUZULERNEN UND MICH WEITERZUENTWICKELN, VERDANKE ICH VIELEN FREUNDEN UND PARTNERN. DAFÜR BIN ICH SEHR DANKBAR, DENN GENAU DAS IST AUCH FÜR MICH EINER DER GRÖSSTEN ERFOLGE. PERSONEN AN MEINER SEITE ZU HABEN, DENEN ICH VERTRAUE, DIE ZU FREUNDEN WURDEN UND DIE MICH UNTERSTÜTZEN.

„Nicht Erfolg ist der Schlüssel zum Glück,
sondern Glück der Schlüssel zum Erfolg.
Wenn du gerne tust, was du tust,
wirst du auch erfolgreich sein."
Albert Schweitzer

ERFOLG IST, ZEIT FÜR MICH

PETRA LIST
CRANIOSACRALE BIODYNAMIK & MUSIKERIN

FÜR MICH IST ERFOLG, WENN ICH ETWAS ZEIT FÜR MICH ALLEINE ERGATTERN KANN! ZEIT FÜR MICH, IN DER ICH GANZ ICH SELBST SEIN KANN. KEINE MAMA, KEINE EHEFRAU, KEINE HAUSFRAU, KEINE FREUNDIN UND KEINE EVENTMANAGERIN ODER CRANIOSACRAL-THERAPEUTIN - SONDERN EINFACH NUR **ICH**.

DURCH DIE ERKRANKUNG UNSERES SOHNES ELIAS UND DER DAMIT VERBUNDENEN, IMMER WACHSENDEN AUFGABEN HABEN WIR GELERNT, DANKBAR ZU SEIN UND UNS ÜBER KLEINE DINGE, DIE KLEINEN ERFOLGE ZU FREUEN. EINE ERFOLGREICHE, ANFALLFREIE NACHT VON ELIAS ZUM BEISPIEL. EIN TAG, AN DEM ELIAS GUT DRAUF IST, UND ALLES OHNE GRÖBERE STÖRUNGEN ABLÄUFT.

QUALITATIV WERTVOLLE, GEMEINSAME FAMILIENZEIT, OHNE STRESS UND MIT VIEL HINGABE UND AUFMERKSAMKEIT FÜR ALLE DREI KINDER.

DAS SOLL NICHT HEIßEN, DASS MAN NICHT NACH GRÖßEREM STREBEN SOLLTE, WICHTIG DABEI IST, GLAUB ICH, DASS MAN MIT SICH SELBST DABEI IM REINEN IST UND ZIELE VERFOLGT, DIE EINEM WIRKLICH WICHTIG SIND UND DIE DEM HERZEN ENTSPRINGEN.

Erfolg

WENN SICH EIN ERREICHTES ZIEL NICHT GUT ANFÜHLT, DANN IST ES KEIN ERFOLG –
AUCH WENN UNSER KANZLER – DAS GEHIRN – ANDERER MEINUNG IST, ENTSCHEIDET
STETS IMMER DER KAISER – UNSER HERZ.

DER GRÖSSTE ERFOLG IST ES VIELLEICHT, WENN DU KINDER HAST UND DIESE IN DIE
GROSSE, WEITE WELT ENTLÄSST, DASS DU WEISST UND SIEHST, DU HAST DAS NACH
BESTEM WISSEN UND GEWISSEN, SO EINIGERMASSEN HINBEKOMMEN UND GLÜCKLICHE,
SELBSTÄNDIGE, SELBSTBEWUSSTE, EMPFINDSAME UND DOCH STARKE
PERSÖNLICHKEITEN ERZOGEN – GANZ EGAL WELCHER PROFESSION SIE EINMAL FOLGEN.

Erfolg &
Freude &
Energie

Leopold Frey
Sozial engagierter Netzwerker & Umweltconsulter

Ich stelle mich nicht gerne in den Vordergrund, aber wenn ich für dieses besondere Buch über die Hintergründe meiner Erfolge nachdenke, dann tue ich das gerne. Wenn ich manchmal Erfolg in größerem Umfang habe, dann ist es für mich auf das perfekte Zusammenspiel von Freude, Motivation, Begeisterung, Interesse an Menschen, Mut, Selbstbewusstsein, und stets auf die Verbindung mit sozialer und emotionaler Kompetenz / Intelligenz zurückzuführen.

Ich setze voraus, dass ich nur Erfolg mit etwas haben kann, wovon ich selbst überzeugt bin, was meinen persönlichen Werten entspricht und / oder was ich selbst vorlebe – und das wird immer mit Umwelt oder Sozialem zu tun haben.

Es ist bei mir diese Mischung der oben genannten Eigenschaften, die in Verbindung mit gewissen Voraussetzungen, bei meinen Erfolgen im richtigen Mix zusammenspielen: es beginnt mit meiner Freude etwas anzupacken, von dem ich überzeugt und motiviert bin, es ist mein notwendiger Mut und das Selbstbewusstsein einen Entscheidungsträger anzurufen oder anzusprechen, und es sind immer Herz und Bauch als soziale und emotionale Intelligenz mit dabei – also das offene und positive Auf- einanderzugehen – ohne jegliche Voreingenommenheit oder Vorurteile und

MIT EINEM STETS EHRLICHEN INTERESSE AN DER PERSON MIR GEGENÜBER. ICH KANN MIT HOHER SICHERHEIT SAGEN, DASS MEINE ERFOLGE AM ENDE VOR ALLEM AUCH UND ZUM GROSSTEIL AUF DEN PERSÖNLICHEN KONTAKT / DAS ZWISCHENMENSCHLICHE ZURÜCKZUFÜHREN SIND, UND DAS SOZUSAGEN „VERKAUFTE" ODER „PRODUKT" DABEI EINE NEBENROLLE SPIELEN.

WENN WIR UNS VIELLEICHT EINMAL PERSÖNLICH KENNENLERNEN, DANN ERZÄHLE ICH DIR GERNE VON MEINEN ZWEI LIEBLINGSBEISPIELEN, WIE Z.B. DASS IN MEINER VORSTANDSFUNKTION BEI DER FRIEDENSFLOTTE UNS DER DAMALIGE UNO GENERALSEKRETÄR BAN KI MOON PERSÖNLICH EMPFANGEN HAT, ODER VON EINEM AUFREGENDEN, ZUKUNFTSWEISENDEN MOMENT IM BERÜHMTEN HOTEL LA MAMOUNIA IM RAHMEN DER WELT-KLIMAKONFERENZ 2017 IN MARRAKESCH.

Freude und Entspannung

Ich bin ein durch und durch positiver Mensch, voller Freude am Leben und allem, was das Leben mir an Interessantem und Erfahrungen bietet – diese Eigenschaft habe ich von meiner Mutter geerbt, und sie wiederum von meiner Großmutter, die mein Leben auch sehr geprägt hat.

Am meisten Freude macht es mir, anderen eine Freude zu machen, für andere da zu sein, auch im vollen Bewusstsein, stets auch auf mich und was mir wichtig ist zu achten. Und es gibt vermutlich wenige Menschen, die so auf regelmäßige Entspannung achten, wie ich das tue. Ich brauche das vermutlich mehr als andere, spüre wie gut es mir tut, und wie es positiv wirkt. Und hier schließt sich mein Kreis – denn

Aus Freude und Entspannung gewinne ich viel Energie als beste Basis für neue Erfolge.

„Ich will nicht nur an euern Verstand appellieren.
Ich will eure Herzen gewinnen."
Mahatma Gandhi

FREUDE

Wer sich im Leben freuen kann, der hat mehr vom Leben. Wenn wir aus einer positiven Stimmung heraus handeln, dann nehmen wir alles positiver wahr und werden es intensiver genießen. Denke zurück an Deine Kindheit, als DU neugierig, lustig, ausgelassen und fröhlich warst. Ein Kind lebt aktiv im Hier und Jetzt und die Sorgen der Erwachsenen über die Zukunft sind ihm einfach fremd.

~~„Das Leben ist kein Ponyhof."~~
DAS LEBEN DARF LEICHT UND SCHÖN SEIN!

1 Lebe im Moment und finde Freude an kleinen Dingen

2 Beschäftige Dich mit Dir und folge Deinem Herzen

3 Bleib authentisch und verbiege Dich nicht,
um die Erwartungen von anderen Menschen zu erfüllen

4 Versuche, das Positive in den Lebenslagen zu sehen
und sei nicht negativ fokussiert

Niemand hat was davon, wenn Du kein gutes Leben führst und auch keinen Spaß im Leben hast. **ES DARF EINFACH & LEICHT SEIN.**

„Wenn wir Freude am Leben haben,
kommen die Glücksmomente von selber."
Ernst Ferstl

Kindliche Freude & Neugier

Monika Maria Wiesner

Hast Du schon einmal kleine Kinder beobachtet, mit welcher Freude und Neugier sie der Welt begegnen? Kennst Du das auch, dass, wenn Du von Kindern umgeben bist, Du auch auf einmal Freude und Leichtigkeit verspürst? Hast Du Dich schon einmal gefragt, warum das so ist?

Ganz einfach, weil Kinder noch ohne Wertung und Bewertungen für sich und andere durchs Leben gehen und völlig im Augenblick leben. Für sie gibt es kein Gestern und kein Morgen und für sie ist alles, was gerade ist, der wahre und reine Moment. Das macht auch mit uns selbst etwas, weil Kinder uns bedingungslos so akzeptieren, wie wir sind. Vor ihnen brauchen wir keine Masken, wie wir sie oft für den Rest der Welt tragen.

Wir waren einst selbst diese freudigen, kleinen Wesen. Aber im Laufe der Jahre, scheinen wir diesen Zustand der reinen Liebe und Freude vergessen zu haben. Vielleicht wurde uns gesagt, dass es falsch ist, sich selbst zu lieben. Oder wir haben erfahren, dass alle anderen wissen, was für uns am besten ist - unsere Eltern, Lehrer, die Regierung, Ärzte. Also haben wir aufgehört, unserer eigenen Intuition zu vertrauen, und wir haben uns von unseren Gefühlen abgeschnitten und somit von unserer Lebensfreude. Wir haben uns von unserer inneren Welt abgetrennt und begonnen, uns an der äußeren Welt zu orientieren. Wir leben in den Werten anderer und nicht mehr im Selbstwert. Wir passen uns an und versuchen, uns in diese Gesellschaft einzufügen, um Liebe und Wertschätzung zu erhalten. Wenn wir die erhofften Reaktionen nicht finden, fühlen wir uns

Ungeliebt, falsch und abgelehnt. Einige schlüpfen dann in die Opferrolle, andere wiederum erschaffen ein massives Ego, das sich selbst verteidigt, kämpft und jeden angreift, der ihnen nicht das gibt, wonach sie so verzweifelt suchen. Der entscheidende Punkt ist – wir können außen nichts finden, was wir nicht selbst in uns spüren. Wir üben diese Mechanismen über Jahrzehnte, bis wir eines Tages nicht mehr der bewusste Pilot in unserem Leben sind, sondern im Autopilot agieren. Das Ergebnis ist eine Welt, in der wir andere kontrollieren, manipulieren und bekämpfen. Und dann wundern wir uns, dass uns Freude, Liebe und Leichtigkeit abhandengekommen sind.

Wie kommst du mit diesen inneren Qualitäten wieder in Kontakt?
Indem du dich fragst, was dir tiefste innere Freude bereitet.

Was hat dich als Kind glücklich gemacht? Und es sind nie äußere Dinge wie Besitz, Status, Macht, Reichtum. Es sind die subtilen Dinge im Leben, wie die liebevolle und herzliche Verbindung zu anderen Menschen, sich mit der Natur zu verbinden, mit einem Kind zu spielen oder sich mit einem Tier liebevoll zu beschäftigen. Manchmal kann es auch einfach sein, sich in einer Musik oder einem Rhythmus zu verlieren. Beobachte dich doch einmal, wenn du in der Natur bist. Gehe in den Wald und fühle, wie leicht und frei du bist. Hast du dich jemals dabei ertappt, dass du dir dachtest, wie hässlich doch der Baum da sei, dass er zu dünn, dick, hoch oder zu klein wäre? Oder dass dieser Stein völlig fehl am Platz ist? Nein, in der Natur lassen wir auch jegliche Bewertung hinter uns. Warum? Weil die Natur frei von Bewertung ist und uns somit hilft, wieder in diesen ursprünglichen Seinszustand der Einheit und Liebe, Freude und Leichtigkeit einzutauchen.

DESIGN YOUR LIFE

MARCEL **EBERHARTER**
INTERNATIONALER INTERIOR DESIGNER

MEINE ARBEIT IST NACHHALTIG UND ZEITLOS UND SOLL AUCH IN DER ZUKUNFT SCHÖN ANZUSCHAUEN SEIN UND DEN MENSCHEN FREUDE BEREITEN.

WIR MÖCHTEN RÄUME SCHAFFEN, WO SICH MENSCHEN WOHLFÜHLEN, ENTSCHLEUNIGT WERDEN UND IN GEMÜTLICHEM AMBIENTE ENTSPANNUNG FINDEN KÖNNEN. UM DIESE ZU SCHAFFEN MUSS MAN MUT ZUR VERÄNDERUNG HABEN UND SICH TRAUEN, ES WAGEN, MIT NEUEN MATERIALIEN ZU ARBEITEN UND MIT DER ZEIT ZU GEHEN, ABER STETS SICH SELBST TREU ZU BLEIBEN.

DIE KLASSISCHE RAUMAUFTEILUNG, ESSZIMMER, WOHNZIMMER, KÜCHE, LÖST SICH AUF UND VERSCHMILZT IMMER MEHR ZU EINEM EINZIGEN GROSSEN RAUM.

DAS LEBEN BIETET HEUTE
SO VIELE MÖGL**ICH**KEITEN.

ES GIBT MENSCHEN, DIE NACH WENIGEN JAHREN DIE MOTIVATION VERSPÜREN, WIEDER ALLES UMZUBAUEN. ES WIRD NICHT MEHR FÜR DIE EWIGKEIT GEBAUT, SONDERN FÜRS JETZT. DAS LIEGT AN DER SCHNELLLEBIGKEIT UND AN DEN IMMER WIEDER NEUEN TRENDS. ES IST FÜR MICH EINE LEBENSAUFGABE, MIT DEN MENSCHEN GEMEINSAM AUFZUBRECHEN UND IHNEN DURCH MEINE ARBEIT EIN ZUHAUSE ZU GESTALTEN, IN DEM SIE SICH WOHLFÜHLEN UND SOMIT ANKOMMEN KÖNNEN.

1

GESTALTE
DEIN
LEBEN

Freude

ENTSPANNUNG

GÖNN' DIR DEINE PAUSEN, WENN DU SIE BRAUCHST.

DIE ZEIT WIRD IMMER UNBERECHENBARER, MIT SICHERHEIT SCHNELLER UND UMSO WICHTIGER IST ES, SICH IM ALLTAG REGELMÄßIG ZU ENTSPANNEN. DIE PHASEN DER ENTSPANNUNG SIND ESSENZIELL, UM STRESS ABZUBAUEN. DER REGELMÄßIGE WECHSEL ZWISCHEN STRESS UND ENTSPANNUNG FÖRDERT DIE GESUNDHEIT UND FÜHRT ZU NACHHALTIGEM WOHLBEFINDEN.

SCHLIEßE DEINE AUGEN & GENIEßE
DIE AUGEN SIND DER SPIEGEL DER SEELE

„DAS IST MIR EIN DORN IM AUGE", „ICH SEHE SCHWARZ" ODER „ER WAR BLIND VOR WUT": REDEWENDUNGEN WIE DIESE SPRECHEN DAFÜR, DASS ES EINE VERBINDUNG ZWISCHEN AUGE, SEHVERMÖGEN UND PSYCHE GIBT. ES HEIßT, DIE AUGEN SIND SPIEGEL DER SEELE - UND DAS TRIFFT DURCHAUS ZU. UNSERE IRIS IST IM KLEINEN EIN ABBILD UNSERES GESAMTEN ORGANISMUS.

PALMIEREN IST EINE DER EFFEKTIVSTEN METHODEN, UM DIE SENSORISCHEN NERVEN UND DARÜBER HINAUS DEN KÖRPER ZU ENTSPANNEN. WILLIAM BATES (DER VATER DER SEHTHERAPIE) HAT DIESE METHODE ALS EINE DER BESTEN ENTSPANNUNGSMETHODEN FÜR DIE AUGEN GEFUNDEN.

1 WASCHE DIR DIE HÄNDE MÖGLICHST WARM

2 SUCHE DIR EINEN GUTEN, RUHIGEN PLATZ

3 GÄHNE LAUT UND TIEF UND STRECK DICH DABEI GUT DURCH

4 LOCKERE DEINE GELENKE, KOPF, WIRBELSÄULE, HALS, SCHULTER, FINGER

5 SETZE DICH JETZT AN EINEN TISCH, ZB. AUCH AM ARBEITSPLATZ

6 STÜTZE DEINE ELLBOGEN AM TISCH AUF, DREHE DEINE HÄNDE ZUM GESICHT

7 LEGE DEINE HANDBALLEN LEICHT AUF DIE GESCHLOSSENEN AUGEN

8 ATME RUHIG UND TIEF EIN (NASE) UND AUS (MUND) UND GENIESSE DIE 5 MIN.

+ WENN DU MÖCHTEST, NIMM FRISCHE ALOE VERA UND MASSIERE DEIN GESICHT

+ TRINKE NOCH EIN GLAS WASSER BZW. EINEN FRISCHEN GRÜNEN SMOOTHIE

JE ÖFTER DU DIESE ÜBUNG MACHST, DESTO EFFEKTIVER WIRD SIE SEIN.

DAS ABDECKEN DER AUGEN SIGNALISIERT DEM KÖRPER FOLGENDE BOTSCHAFTEN: DU BRAUCHST KEINE BILDEINDRÜCKE VERARBEITEN – SEHZENTRUM KANN ENTSPANNEN. DIE VERSTÄRKTE DUNKELHEIT GIBT DER NETZHAUT DIE MÖGLICHKEIT, SICH PHYSISCH ZU REGENERIEREN UND DESHALB KANN DAS SEHVERMÖGEN DURCH PALMIEREN TATSÄCHLICH AUCH VERBESSERT WERDEN.

„Es gibt vermutlich
kein allgemeineres Heilmittel
auf der Welt als Ruhe."

Edmund Jacobson

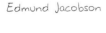

DER GEIST
DOMINIERT DEN KÖRPER

OMR Dr. Johannes Neuhofer
Dermatologe
Initiator Johannesweg & Konsul Indonesien

Der Geist dominiert den Körper!
Wohlwollende Gedanken und
Taten der Nächstenliebe
sind Balsam für unsere Gesellschaft
und können
das aus den Fugen geratene Gemeinwohl
kultivieren.

All dies – ob gut, ob böse
findet letztlich
zu Dir selbst zurück
wie ein Echo
aus dem Gebirge des Lebens.

„Der Weg soll Menschen bewegen,
ihnen ohne erhobenen Zeigefinger
den tieferen Sinn des Lebens näherbringen,
sie wieder in Balance setzen und
zu sich selber finden lassen"

Dr. Johannes Neuhofer

VERTRAUEN

TRAU' DICH WAS!

DER MENSCH BRINGT SOGAR DIE WÜSTEN ZUM BLÜHEN. DIE EINZIGE WÜSTE, DIE IHM NOCH WIDERSTAND BIETET, BEFINDET SICH IN SEINEM KOPF. (EPHRAIM KISHON)

VERTRAUEN IST DER KLEBSTOFF IN UNSEREN BEZIEHUNGEN UND SOMIT VON FUNDAMENTALER BEDEUTUNG. IM WESENTLICHEN IST VERTRAUEN EIN ERFAHRUNGS-WERT AUS UNSERER KINDHEIT, UND WIR KENNEN HIER SELBSTVERTRAUEN UND DAS FREMDVERTRAUEN ZU ANDEREN MENSCHEN.
UM VERTRAUEN AUFZUBAUEN, IST ES WICHTIG, DASS WIR OFFEN UND EHRLICH MIT UNSEREN MITMENSCHEN KOMMUNIZIEREN, DABEI AUTHENTISCH BLEIBEN UND OFFEN MIT FEHLERN UMGEHEN. VERTRAUEN MINIMIERT KOMPLEXITÄT.

WENN DU VERTRAUEN AUFBAUEN MÖCHTEST, DANN VERMEIDE:

KONTROLLZWANG, MISSTRAUEN, KONKURRENZDENKEN, NACHTRAGEND SEIN, VORSCHNELLE URTEILE FÄLLEN, HINTERLIST UND INTRIGEN
WICHTIG IST AUCH ZU ERKENNEN, OB DEIN GEGENÜBER AUCH VERTRAUENSWÜRDIG IST. DER MENSCH, DEM DU VERTRAUST, DER SOLLTE AUCH DIR VERTRAUEN.

„Entschuldige Dich nie dafür, Du selbst zu sein."
Paulo Coelho

LIVE MIT HERZ & HIRN TOI, TOI, TOI!

Susanna Wurm
Chefredakteurin „Die Macher", Schauspielerin

„Toi, Toi, Toi!"und „Spaß, Spaß, Spaß!",

sagen wir uns, bevor wir auf die Bühne gehen. Und dann gehen wir raus. Und dann ist er da, dein Moment. Und nur dein Moment. Kein Gedanke daran, dass du versagen könntest. Kein Gedanke an den Kritiker in der ersten Reihe.

SOBALD NÄMLICH DEIN HIRN DAS SAGEN ÜBERNIMMT, HAT DEIN HERZ VERLOREN UND DANN GEHT MIT IHM DER SPASS VERLOREN. DIE BÜHNE IST KEIN FILMSET, ES GIBT KEINE ZWÖLFTE KLAPPE, NOCH NICHT MAL EINE ZWEITE. DU KANNST NICHT VOR- UND NICHT ZURÜCKSPULEN. ES GIBT NUR DEN MOMENT. UND DICH. SO WIE DU JETZT BIST. UND NICHT, WIE DU IRGENDWANN GERN SEIN WÜRDEST.

WIESO SAGEN WIR NICHT „**VIEL GLÜCK!**"?

WEIL ICH'S MIT DEM GLÜCK NICHT SO HABE. ODER BESSER GESAGT: WEIL ICH DAS GLÜCK NICHT SELBST IN DER HAND HABE. DEN SPASS SCHON. DER SITZT IN MIR. GENAU DA, WO MEIN HERZ IST. UND ER IST HIER SELTEN ALLEIN. MANCHMAL GEHT'S DA ZU WIE AM FLUGHAFEN - EIN KOMMEN UND GEHEN: KUMMER, ANGST, FREUDE, LIEBE, DA IST IMMER WAS LOS. BEIM HERZ-ULTRASCHALL WÜRDE DER ARZT BESTIMMT SAGEN: „NA, DA HERRSCHT JA EIN CHAOS!"

HERZ

EIN **HERZ** IST HALT AUCH KEIN HIRN, WO ALLES SCHÖN AN SEINEM PLATZ IST, WIE IN EINEM AKTENSCHRANK: VON DER ERKENNTNIS, DASS HEISSE HERDPLATTEN KEIN WOHLGEFÜHL ERZEUGEN BIS HIN ZUM SATZ DES PYTHAGORAS (WOBEI LETZTERE BEI MIR IRGENDWO IM VERSTAUBTEN WINKEL LAGERT) IST HIER ALLES IN SCHÖN BESCHRIFTETEN ORDNERN GEREIHT. ABER WENN DU AUF DIE BÜHNE GEHST UND WILLST, DASS DIE LEUTE WÄHRENDDESSEN KEINE E-MAILS BEANTWORTEN, DANN MUSS DIR KLAR SEIN: DIE LEUTE INTERESSIERT DEIN HIRN NICHT. DIE WOLLEN DEIN HERZ SEHEN. DIE SCHAUEN NUR AUF, WENN DEIN HERZ HÜPFT, BLUTET, SCHAUKELT UND SCHREIT. UND ICH MEINE GAR NICHT NUR DIE THEATERBÜHNE. EIGENTLICH GEHT'S UM DEINE BÜHNE. UM DEINE LEBENSBÜHNE. WENN DU WILLST, DASS DICH ANDERE MENSCHEN HÖREN, SEHEN UND SICH VON DIR BEGEISTERN LASSEN, DANN GIBT'S DAFÜR NUR EIN MITTEL: **DEIN HERZ.**

HIRN

Das **HIRN** ist vielleicht so etwas wie der Manager vom Herzen. Macht höchst komplizierte Berechnungen, g'schaftelt (mühlviertlerisch für „sich wichtig machen") bei Entscheidungen mit und sagt Dir, bevor Du Dich vor lauter Kummer in die Tiefe stürzt, dass Du's lieber doch lassen sollst, morgen ist ja auch noch ein Tag. Und morgen sieht in den meisten Fällen ganz anders aus (abgespeichert in dem dicken Ordner im zweiten Hirnschrank von links). Aber der Star auf Deiner Lebensbühne kann nur Dein Herz sein.

Das eine, das Du hast. Und nicht jenes, das Du vielleicht gerne hättest. Da kann Dein Hirn hundertmal melden, dass Du technische Physik studieren sollst, weil es natürlich schlau ist und es weiß, dass man damit echt gute Chancen hat. Aber wenn Dein Herz nicht dafür schlägt, dann wird der Spaß wohl ausbleiben. Und warst Du schon mal richtig gut worin, wenn Du keinen Spaß dabei hattest? Oder anders gefragt: Möchtest Du lieber die Hauptrolle auf Deiner eigenen Bühne spielen oder im Nachbarstück eine Statistenrolle übernehmen?

Klar, die Hauptrolle, das ist schon eine große Sache. Und die kostet immer wieder Überwindung. Manchmal wachst Du auf und freust Dich auf den Tag wie auf die Grippewelle. Weil Du Angst hast. Oder einfach mal keine Lust. Aber dann hast Du ja Dein Hirn (oder eine freundliche Person). Und das oder die sagt dann zum Herzen: „Spaß, Spaß, Spaß! Zieh die Badehose an (oder auch nicht), spring ins Wasser und mach was daraus. Mach was aus Dir, nur mach keinen anderen Menschen aus Dir.

SEI DU,

WEIL DAS IST
DIE BESTE VERSION
DIE ES GIBT
VON DIR.

Alles „nur" Theater?

Edi Jäger
Querdenken, Schauspieler, Kabarettist

Was ist Erfolg?
Was ist Freude?
Was ist Mut?
Was ist Vertrauen?

Ich unterstelle mal, dass sich jeder Mensch ein erfülltes, glückliches Leben wünscht und danach strebt.

Die Frage ist also, was ist ein erfülltes Leben und wie lässt es sich gestalten?

Wir leben in einer Epoche, wo wegen der zunehmenden Zerstörung unseres Planeten durch Gier, Dummheit und Maßlosigkeit vielen Menschen klar wird, ein erfülltes Leben hat nichts mit einem vollen Bankkonto, einem Haus vollgestopft mit teuren Wertgegenständen, oder Ähnlichem zu tun. Viele Untersuchungen zeigen, dass sich die glücklichsten Menschen nicht in den reichen Industrienationen aufhalten. Ich vermute, Glück versteckt sich im Tun, im Gestalten, im Kreieren und das möglichst in Gemeinschaft mit anderen Menschen. Es ist dabei völlig egal, ob man ein neues Kochrezept ausprobiert oder erfindet, ein epochemachendes Kunstwerk

ERSCHAFFT, EINEN GARTEN BELEBT, EIN WUNDERSCHÖNES GEBÄUDE PLANT ODER DIE ALTENBETREUUNG BESSER ORGANISIERT. EIN FREUND VON MIR WURDE BEI EINEM AUTOUNFALL SCHWER VERLETZT, LEIDET SEIT JAHREN AN SEINEM VERLETZTEN BEIN UND ER KÄMPFT SEIT JAHREN MIT VERSICHERUNGEN. ER LIEBT SEINE ARBEIT UND WEIGERT SICH, IN DIE EMPFOHLENE FRÜHPENSION ZU GEHEN. IM GEGENTEIL, ER HAT MIT EINEM FREUND EINE EINFACHE HÄNGE- UND BEWEGUNGSKONSTRUKTION ERFUNDEN, DIE ES IHM ERMÖGLICHT, HALB SITZEND WEITERZUARBEITEN. DIESE ERFINDUNG IST NUN PATENTIERT, ER HAT EINE FIRMA GEGRÜNDET UND ES GIBT EUROPAWEIT MASSIVES INTERESSE VON REHA-EINRICHTUNGEN, FIRMEN UND GESUNDHEITSSYSTEMEN. ER ERZÄHLTE MIR, DASS ES IHN UNENDLICH GLÜCKLICH UND ERFÜLLT GEMACHT HAT, ALS ER SCHWER VERLETZTE MENSCHEN TRAF, DIE NACH JAHRELANGEM GESUNDHEITSKAMPF NUN MIT DIESER ERFINDUNG UND GLÜCKSTRÄNEN IN DEN AUGEN WIEDER IHRER BESCHÄFTIGUNG NACHGEHEN KÖNNEN.

MARK TWAIN HAT MAL GESAGT:

„Die beiden wichtigsten Tage Deines Lebens
sind der Tag, an dem Du geboren wurdest,
und der Tag, an dem Du herausfindest, warum."

WENN MAN ERKENNT, WER MAN/FRAU SELBST IST, WELCHES BESONDERE POTENTIAL DU HAST – UND ICH BIN ÜBERZEUGT, DAS HAT JEDER MENSCH – DANN MUSST DU NUR NOCH VOLL MUT UND VERTRAUEN DINGE VERSUCHEN UND PROJEKTE ANGEHEN. ICH GLAUBE, FREUDE, ERFOLG, ANERKENNUNG, FREUNDSCHAFT UND GLÜCK KOMMEN DANN VON SELBST.

WO SIND DEINE POTENTIALE?

WAS IST DEINE PERFEKTE HAUPTROLLE?

SELBST VERTRAUEN

Conny Wernitznig
(pferdegestütztes) Coaching
Gründerin Festival regionaler VordenkerInnen / ThinkTankRegion

Vertrauen ist viel mehr, als an das zu glauben, was andere uns erzählen, uns anvertrauen. Vertrauen hat den Ursprung tief in uns selbst. Vertrauen bedeutet in erster Linie, uns selbst zu glauben, uns selbst zu vertrauen, an uns selbst zu glauben... Und damit ist auch die größte Hürde schon gelegt, an diesem Vertrauen an uns selbst scheitern wir ganz oft.

Schließen Sie doch einmal die Augen und zählen Sie fünf ihrer größten Stärken auf. Was können Sie besonders gut außer zuhören, motivieren, kümmern, helfen? Was sind Ihre größten Kompetenzen? Ihnen fällt nichts ein oder nur wenig? Auf jeden Fall zu wenig, um sich selbst wichtig genug zu nehmen, in die erste Reihe zu tanzen, die Bühne zu rocken? Wie schade! Denn wenn Sie sich selbst nicht vertrauen, wie sollen Ihnen dann andere vertrauen, an Sie glauben? Dabei möchten Sie gern wahrgenommen und ernstgenommen werden, Sie möchten Ihr Privatleben, Ihre Karriere bewusster gestalten, Sie möchten sich selbst mehr zutrauen...?

Zeit, die Komfortzone zu verlassen und sich auf den Weg zu sich selbst zu machen.

Was mir auf diesem Weg, mir selbst zu vertrauen, geholfen hat, war mein Pferd Gianni. Ihn zu führen, ihn dazu zu bewegen, mir zu folgen, war schwer. Manchmal sogar sehr schwer. Denn immer, wenn mich Selbst-Zweifel, Unsicherheiten und Unklarheiten von mir selbst entfernt haben, hat auch mein Pferd mich „verlassen", meine Führung angezweifelt und sich widersetzt. Anstrengend, entmutigend und Zweifel schürend. Ein schmerzlicher Prozess war das, der mir aber gezeigt hat, dass sich alles schlagartig ändert, leicht wird, sich mit Freude füllt, wenn ich mir selbst nahe bin, mir meiner selbst sicher bin, mir selbst und dem, wer ich bin und was ich kann, vertraue. Dann gelingt es, alles zu erreichen, was ich unbedingt möchte und diese Sicherheit, dieses Vertrauen kommt aus mir selbst, aus meinem Selbstvertrauen.

Es spielt keine Rolle, wer oder was IHNEN dabei hilft, den Weg zu sich selbst einzuschlagen, wichtig ist, dem Impuls in Ihnen zu folgen. Freunde, Kollegen, Bücher, Seminare, Tiere....es gibt so viele Möglichkeiten, Hürden abzubauen, zu lernen und zu üben, sich selbst zu vertrauen, auf sich selbst zu vertrauen, vertraut zu werden mit dem Selbstvertrauen. Und daran zu wachsen.

MUT

GEH' DEINEN WEG.

MUT FÜHLT SICH IN DEM MOMENT, IN DEM DU HANDELST ÜBERHAUPT NICHT GUT AN, WEIL DU DICH IN DIESEM MOMENT DEINEM EIGENEN INNEREN SCHWEINEHUND, DEINER ANGST STELLST UND DAS FÜHLT SICH EBEN UNGEWOHNT UND UNSICHER AN. WENN DU JEDOCH DURCH DIESEN TUNNEL DER ANGST HINDURCHGEGANGEN BIST, WENN DU MUTIG GEWESEN BIST, DANN FÜHLT SICH DAS ABER RICHTIG COOL AN. ALSO SEI MUTIG FÜR DICH, SEI ABER AUCH MUTIG FÜR ANDERE MENSCHEN.

„Lass Dich nicht davon abbringen, was Du unbedingt tun willst. Wenn Liebe und Inspiration vorhanden sind, kann es nicht schiefgehen."
Ella Fitzgerald

Wenn Du mutig genug bist, «Lebewohl» zu sagen, wird
das Leben Dich mit einem neuen «Hallo» belohnen.
Paulo Coelho

MUT

IST NICHT IMMER

EIN LAUTES GEBRÜLL.

MANCHMAL IST ES AUCH

EINE LEISE STIMME

AM ENDE DES TAGES,

DIE SPRICHT:

**MORGEN VERSUCHE
ICH ES WIEDER.**

M.A. RADEMACHER

Mut zur Veränderung

Brigitte Maria Gruber
Frauenfachakademie & Frauenpower

Wenn wir vor Veränderungen stehen, dann ist das anfangs nicht immer gleich von einem lauten „Hurra!" begleitet. Vielmehr ist es Vorsicht, die uns leitet. Ganz von alleine drängen sich uns dann Fragen auf: Ist es gut? Soll ich das wirklich wagen? Kann ich das? Was sagen die anderen dazu? Diese Fragen sind berechtigt. Doch sind sie auch von Selbstzweifel genährt. Sie bremsen Dich und Dein Mut, etwas zu verändern, schrumpft. Jeder Mensch hat Zweifel. Doch die einen hören darauf und die anderen ignorieren ihn und greifen einfach an. Lass Dich also beflügeln. Und zwar nicht von Menschen, die etwas in der Theorie beschreiben. Lerne von Menschen, die in der Praxis beweisen, wie es geht.

Gute Fragen stellen

Wofür ist das eine Chance? Was lerne ich?

Du erkennst, mit der Antwort auf diese Fragen kommst auch Du immer auf die positive Seite des Lebens. Du erkennst Möglichkeiten, findest Chancen und richtest Dein Denken und damit auch Dein Handeln nach dem Positiven aus. Das stärkt enorm und zeigt Dir neue Wege auf. Joe Girard, der beste Autoverkäufer der Welt, bestätigt das mit seiner Behauptung: „Positives Denken ist der einzige gemeinsame Nenner von allen erfolgreichen Menschen."

Erfolg braucht Mut!

Mut heißt, den Möglichkeiten mehr Glauben zu schenken als dem Erlebten. Erfolgreiche Menschen fragen bessere Fragen und erhalten damit, als Resultat andere, bessere Ergebnisse.

- Wann war ich in meinem Leben mutig?
- Was war dabei die größte Herausforderung und wie habe ich diese bewältigt?
- Wer oder was hat mich zum Mutigsein beflügelt?

Vergleich Dich bitte nicht mit anderen. Vergleiche Dich am besten mit Dir selber. Wenn Du Dir in Deiner Biografie anschaust, wo Du in Deiner Persönlichkeitsentwicklung vor einem, vor drei und vor fünf Jahren standst, wirst Du erkennen, dass Du Dich weiterentwickelt hast. Du findest immer etwas, das sich an Dir positiv verändert hat und worüber Du Dich jetzt freuen kannst.

Wenn Du keinen Schritt vorwärts gehst, wirst Du immer am selben Ort bleiben. Also ... **Trau Dich !**

Mut

Mut

Alexandra Pfeiffer
NettworkerIn & Analoger Influencer

Heute weiß ich für mich: es hat mir in meinem Leben die besten Erfahrungen gebracht, MUTIG zu sein. Ich bin überzeugt, es hat mich zu der Persönlichkeit gemacht, die ich heute bin. Manche Situation in meinem Leben hätte ich ohne MUT niemals geschafft!

Mut zu haben, kostet Kraft; aber keinen zu haben, ist ein Leiden ohne Ende.

Ich wäre niemals bei MIR angekommen.
Bei mutigen Entscheidungen, entscheide ich mich für mich, in diesem Moment verspüre ich, wie befreiend das ist. Es löst vieles aus, auch das Umfeld zu beobachten was passiert, Freunde, Geschäftspartner – wer steht wie hinter meinen mutigen Entscheidungen?

Mut = Angst + einen Schritt

Angst und Unsicherheit verändern negativ und blockieren mich, MUT macht mich stärker! Ein gutes Gefühl, bei mir zu sein- was soll passieren?

Es liegt ohnedies immer an mir eine Lösung zu finden, zu meinen Entscheidungen zu stehen.

214

Hochprozentiges Herz

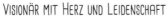

Visionär mit Herz und Leidenschaft

Als Unternehmer muss man täglich viele Entscheidungen treffen, um seine Firma erfolgreich lenken zu können, und daher habe ich mir dafür in den letzten Jahren Möglichkeiten aufgebaut, die ich Dir gerne weitergeben möchte.

Ein ganz wichtiger Tipp von mir ist, dass Du Dir einen **imaginären Beraterstab** zusammenstellst. Ich habe einen Stab von 10 Personen rund um mich, das Ganze ist eine Vision, aber von mir sehr stark manifestiert und somit für mein Unterbewusstsein schon sehr real.
Das heißt, ich habe große Vorbilder sowie bekannte Leute aus Wirtschaft und Sport in diesem imaginären Stab sitzen. Diese Personen sitzen an einem schweren runden Eichentisch in meiner Vorstellung.
Wenn ich an einem Punkt stehe, wo ich deren Hilfe benötige, setze ich mich oft einfach nur in Ruhe hin, schließe meine Augen und rufe eine Besprechung mit meinem Beraterstab ein.
Ich stelle mir vor, wie ich in meinem Fall, Muhammed Ali, Albert Einstein sowie Arnold Schwarzenegger und Anderen gegenübersitze, und ich sie gemeinsam frage, was sie von meiner Idee halten. Es macht richtig Spaß, weil man den Tisch besetzen kann wie man will und mir gibt dies eine große Kraft und somit bin ich sehr gestärkt.

ALLES, WAS DU DIR VORSTELLEN KANNST, KANNST DU AUCH ERREICHEN.

GANZ WICHTIG IST FÜR MICH DIE VORSTELLUNGSKRAFT, GENAU DESHALB BIN ICH EIN GROßER FAN VON „VISIONSTAFELN". ICH HABE DIESE AUCH GEMEINSAM MIT MEINEN MITARBEITERN ERSTELLT. AUF DIESER TAFEL SIND IN ANSPRECHENDEN BILDERN ALLE ZIELE VISUALISIERT, SEI ES PRIVAT ODER AUCH BERUFLICH. JEDES MAL, WENN ICH VORBEIGEHE, SEHE ICH MEINE KURZFRISTIGEN UND MEINE LANGFRISTIGEN ZIELE WIE ZUM BEISPIEL: EINE GLÜCKLICHE FAMILIE ZU HABEN, GESUND ZU SEIN USW. EBENSO HABE ICH SPORTLICHE ZIELE SOWIE LEUTE, DIE ICH GERNE KENNENLERNEN MÖCHTE, AUF MEINER WAND GRAFISCH FESTGEHALTEN. DU WIRST SEHEN, WENN DU JEDEN TAG DEIN BEWUSSTSEIN AUF DEINE ZIELE LENKST, WIRST DU DIESE AUCH ERREICHEN. DAS IST EIN NATURGESETZ: „DIE MACHT DER GEDANKEN".

DIE EINSTELLUNG

SEI EIN OPTIMIST: ES GIBT NICHTS SCHLIMMERES ALS LEUTE, DIE DEN GANZEN TAG NUR JAMMERN UND DIR ERZÄHLEN, WAS NICHT ALLES PASSIERT SEI.

SIE SIND IMMER OPFER DES LEBENS LAUT IHREN ERZÄHLUNGEN. ABER DAS BIST DU NICHT, LASS DICH NICHT RUNTERZIEHEN VON PESSIMISTEN. AUCH ICH HABE MEIN GESAMTES UMFELD GEÄNDERT. DU BIST DER DURCHSCHNITT VON DEN 5 MENSCHEN DIE AM MEISTEN ZEIT MIT DIR VERBRINGEN, ALSO ACHTE, WER IMMER LINKS ODER RECHTS NEBEN DIR STEHT. DU WIRST SEHEN, ES WIRD DICH VERÄNDERN.

EINES MÖCHTE ICH DIR AUCH AUF DIESEM WEGE NOCH MITGEBEN:

BEGINNE ZU SCHREIBEN.

LEG DIR EIN KLEINES BUCH ZU, IN DEM DU DIR ALLES VON DER SEELE SCHREIBST: DEINE ERFOLGE, DEINE ERLEBNISSE, DEINE WÜNSCHE. ES GIBT NICHTS STÄRKERES ALS DEINE EIGENE HANDSCHRIFT ZU LESEN - VERSEHE JEDEN EINTRAG MIT EINEM DATUM. ICH MACHE DAS IMMER, WENN ICH IM URLAUB BIN ODER WENN ICH EINMAL 2 TAGE ZEIT FÜR MICH HABE - DANN SCHREIBE ICH EINIGE SEITEN. ICH MACHE DAS SCHON JAHRELANG UND DU KANNST MIR EINES GLAUBEN, SO EIN BUCH WIRD DIR SEHR WICHTIG UND GIBT DIR WIRKLICH EINE UNGLAUBLICHE KRAFT, WEIL DU IMMER WIEDER DEINE ERFOLGE LESEN KANNST, DA DU IMMER WIEDER ZURÜCK BLÄTTERN KANNST UND DA SIEHST DU, WAS DU DIR DORT ERTRÄUMT HAST, IST JETZT AUF EINMAL SCHON REALITÄT.

„In der Einfachheit der Stille,
findet der Mensch die Leidenschaft"
Peter Affenzeller

Taten
statt
Worte

Markus Raml
Querdenker & Steueroptimist

„Leistung lohnt sich"

„Es gibt einen Zeitpunkt, an dem der Fleißige den Talentierten überholt"

Diese Zitate haben mich persönlich auf meinem beruflichen Lebensweg motiviert. Sie zeigen auch, dass für Dich alles möglich ist, wenn Du es schaffen möchtest. Diese Einstellung - dass Leistung der Schlüssel zum Erfolg ist - hat mich geprägt und so habe ich gemeinsam mit Micheal Strugl und Paul Eiselsberg 2015 den mittlerweile bestens etablierten OÖ Leistungspreis ins Leben gerufen. Viele, wie z.B. die voestalpine, haben sich uns angeschlossen und damit dem Thema Leistung wieder einen neuen Stellenwert in unserer Gesellschaft verschafft.

TUN: darin liegt für mich das Geheimnis privaten und beruflichen Erfolges.

WAS ICH DIR PERSÖNLICH MITGEBEN MÖCHTE:

SETZE DIR KLARE ZIELE!

DAZU MEIN TIPP:

ZWISCHEN WEIHNACHTEN UND DEN HEILIGEN DREI KÖNIGEN HAST DU MÖGLICHERWEISE DIE NOTWENDIGE RUHE, UM DIR DEINE ZIELE ZU SETZEN UND DIESE SCHRIFTLICH FÜR DICH FESTZUHALTEN.

DIES HILFT DIR EINERSEITS, DIR THEMEN WIRKLICH IM DETAIL ZU ÜBERLEGEN UND ANDERERSEITS KANNST DU DIESE LISTE WÄHREND DES JAHRES IMMER WIEDER DURCHSCHAUEN UND CHECKEN, WAS DU SCHON ALLES ERLEDIGT HAST. DU WIRST SEHEN, DU SCHAFFST VIEL MEHR ALS DU GLAUBST! NOCH EINES: WENN DU AN DEINE SCHULZEIT DENKST, ODER AN DEINEN FREUNDESKREIS IN DER JUGEND, DANN ERKENNST DU VIELLEICHT, DASS NICHT NUR DIE BESTEN SCHÜLER DIE GRÖSSTEN BERUFLICHEN ERFOLGE HABEN. BEI MANCHEN MENSCHEN KOMMT DER EHRGEIZ ERST ZU EINEM SPÄTEREN ZEITPUNKT. OFT AUCH DESHALB, DA MAN IM BERUFLICHEN ODER AUCH IM PRIVATEN BEREICH ERST DIE TÄTIGKEIT ODER ZUM BEISPIEL DAS EHRENAMT FINDEN MUSS, DAS EINEM RICHTIG SPASS MACHT. AUF DAUER IST EINFACH DIE PERSON IN JEDER TÄTIGKEIT DIE ODER DER BESTE, ODER DIE BEIM SPORT AM MEISTEN TRAINIERT, ALS ARZT DIE MEISTEN EINGRIFFE UND UNTERSUCHUNGEN MACHT UND DAHER AUF DIE MEISTEN FALLZAHLEN ODER ERFAHRUNGEN ZURÜCKGREIFEN KANN; ODER EINFACH DER ODER DIE AM MEISTEN STUNDEN IN EIN PROJEKT INVESTIERT UND DAHER EINFACH BESSER UND EFFEKTIVER IST.

„DU STEUERST ERFOLG"

GESUNDHEIT

IST DEIN HÖCHSTES GUT.

„WENN DU GESUND BIST HAST DU VIELE WÜNSCHE,
WENN DU KRANK BIST NUR MEHR EINEN.

GESUND LEBEN

1 RICHTIGE ERNÄHRUNG

2 AUSREICHEND TRINKEN

3 REGELMÄßIGE BEWEGUNG

4 FRISCHE LUFT: SAUERSTOFF WECKT DIE LEBENSGEISTER

5 ENTSPANNUNG ALS AUSGLEICH

7 GENÜGEND SCHLAF

8 GUTE ZWISCHENMENSCHLICHE BEZIEHUNGEN

Glück, das ist einfach eine gute Gesundheit
und ein schlechtes Gedächtnis.
Ernest Hemingway

DA ES SEHR FÖRDERLICH FÜR DIE

GESUNDHEIT IST,

HABE ICH BESCHLOSSEN,

GLÜCKLICH ZU SEIN.

VOLTAIRE

SCHMERZ FREI!

OA Dr. Egbert Ritter

Unfallchirurg

Schmerztherapeut nach Liebscher & Bracht

Die Erkenntnis traf mich wie ein Blitz! Es war ein einziger Satz, er hat mein Leben verändert, mein Denken verändert mein Handeln verändert, ein Dogma, das wir gelernt haben, umgedreht. Und mir war auf einmal so vieles klarer, dieser Satz hat so viele Fragen beantwortet, die wir uns immer wieder gestellt haben.

„Arthrose macht keine Schmerzen" und in diesem Zusammenhang kam gleich die Erklärung: **Der Körper schaltet dann einen Schmerz, wenn sich der Zustand des Gelenkes verschlechtert, und - man kann ihn auch verbessern.** Bitte lest den letzten Satz nochmal durch und lasst ihn sickern!

Mir fiel es wie Schuppen von den Augen. Da waren die vielen jungen Patienten mit Schmerzen, denen wir mit Tabletten, Physiotherapie, Spritzen und Operationen nicht helfen konnten, mit unauffälligen Röntgen und MRT-Bildern, die wir irgendwann wegschicken mussten und denen wir sagen mussten: „Wir können Ihnen nicht helfen. Wir haben keine Ahnung, was sie haben!" Und da waren die vielen alten Patienten mit schwerer Arthrose, aber ohne Schmerzen. Auf einmal passte alles zusammen und mir wurde heiß.

WIR HABEN DEN PATIENTEN IMMER ERZÄHLT, DASS ARTHROSE AM KNIE EINE EINBAHNSTRASSE IST, DIE IRGENDWANN IN DER KNIEPROTHESE ENDET.

... UND DANN WURDE ICH NEUGIERIG, WAR AUF DEN UNIVERSITÄTEN UND HAB MIT DEN PROFESSOREN DISKUTIERT UND HAB ANGEFANGEN WISSEN ZUSAMMENZUTRAGEN UND ZU FORSCHEN UND BIN MITTLERWEILE BEI MEINER 3. WISSENSCHAFTLICHEN STUDIE ANGELANGT. KURZ ZUSAMMENGEFASST:

- WIR HABEN DEN KÖRPER IN SEINEN FÄHIGKEITEN SCHWER UNTERSCHÄTZT

- SCHMERZ LÄSST SICH MIT ERNÄHRUNG GUT BEEINFLUSSEN

- DIE SICHT DER KLASSISCHEN SCHULMEDIZIN ZUM THEMA SCHMERZ IST FALSCH!?

- SCHMERZ IST IN DEN MEISTEN FÄLLEN KEIN SCHICKSAL, SONDERN LÄSST SICH DURCH JEDEN SELBST BEEINFLUSSEN

- ARTHROSE LÄSST SICH IN DER REGEL NICHT NUR STOPPEN, SONDERN SOGAR WIEDER UMDREHEN

WAS KÖNNEN WIR ALSO TUN?

ALLES WAS WIR EIGENTLICH SCHON WISSEN:

- PFLANZENBASIERTE VOLLWERTIGE ERNÄHRUNG
- VIEL BEWEGUNG AN DER FRISCHEN LUFT
- BEWEGLICH BLEIBEN: ALSO TÄGLICHES DEHNEN, IN WELCHER FORM AUCH IMMER, Z.B. YOGA BIETET SICH HIER AN.

TIPP: GANZ VIELE ÜBUNGEN FÜR MEHR BEWEGLICHKEIT
WWW.SCHMERZFREI-SALZBURG.AT

OPA SAGT IMMER...

~~„EIN INDIANER~~

~~KENNT KEINEN~~

~~SCHMERZ!"~~

...ABER ICH BIN KEIN INDIANER!

JETZT GANZ KONKRET EIN TÄGLICHES 5-MINUTEN-PROGRAMM

MIT ZWEI SEHR EINFACHEN ÜBUNGEN FÜR UNSERE KNIEGELENKE, OB SIE NUN SCHMERZEN ODER NICHT:

1 WIR BEUGEN UNS IM STAND MIT DURCHGESTRECKTEN KNIEGELENKEN NACH VORNE UND VERSUCHEN, MIT DEN FINGERSPITZEN DEN BODEN ZU ERREICHEN. WIR BLEIBEN FÜR MINDESTENS 2 MINUTEN IN DIESER POSITION. DABEI DARF, NEIN ES MUSS IN DEN WADEN ZIEHEN, SO STARK, DASS MAN ES FÜR 2 MINUTEN GUT AUSHÄLT.

2 DER FERSENSITZ. EINE GANZ WICHTIGE VORAUSSETZUNG FÜR SCHMERZFREIE KNIEGELENKE! AUCH FÜR MINDESTENS 2 MINUTEN. UND WER DEN JETZT NICHT SCHAFFT, SOLLTE SOFORT DAMIT ANFANGEN! ZUR NOT DICKEN POLSTER UNTER DAS GESÄß. ZUR ERINNERUNG: ES DARF UND SOLL IN DEN OBERSCHENKELN ZIEHEN. SCHMERZEN IN DEN KNIEN UNTERSTREICHEN DIE NOTWENDIGKEIT, ETWAS ZU TUN. UND DENEN, DIE DAS JETZT NOCH NICHT SCHAFFEN, SEI GESAGT: WENN IHR DAS JEDEN TAG MACHT, SEID IHR IN 3 WOCHEN AUF DEN FERSEN!

Gesundheit

Körper, Geist und Seele

Gesundheit

Monika Maria Wiesner

Für ein glückliches und erfülltes Leben braucht es drei starke und tragfähige Säulen - **Körper, Geist und Seele**. Der Körper ist das physische Vehikel, mit dem wir durch dieses Leben fahren. Und dennoch kümmern sich die wenigsten um ihren Körper. Wie sieht das bei Dir aus? Investierst Du in Dein Auto mehr als in die Gesunderhaltung Deines Körpers? Was tust Du für Deinen Körper?

Leider nehmen viele ihren Körper und ihre Gesundheit als selbstverständlich. Oder was noch schlimmer ist, viele kritisieren ihren Körper - vor allem Frauen sind Meister darin. Hast Du Dir schon einmal überlegt, was Du Dir selbst damit antust? Stelle Dir vor, Du hast ein Kind und kritisierst es ständig, dass sein Körper nicht die perfekten Maße habe. Wie glaubst Du, dass sich dieses Kind fühlt? Jetzt weißt Du, was Du Tag für Tag mit Dir machst, wenn Du Dich vor dem Spiegel kritisierst.

Eine wichtige Säule zum Thema Körper und Gesundheit ist die Ernährung. Ob Du es hören magst oder nicht, es gibt einen Grund, warum beispielsweise Zucker einst als Droge eingestuft war, bevor die Industrie ihn für sich und ihre Zwecke entdeckte und "legalisierte". Die Nahrung, die wir zu uns nehmen, kann dem Körper entweder ein guter Kraftstoff sein oder ihm zu schaffen machen und ihn auf Dauer sogar krankmachen. Dazu musst Du wissen, dass alles Energie ist - auch unsere Nahrung. Ist diese mit Metallen und Giftstoffen belastet oder ist es etwa Fleisch, welches aus Massenproduktion kommt, so ist die Energie dieser Nahrung sehr niedrig und schwächt Deinen Körper. Darum ist alles sogenannte Processed Food nicht gut, weil es viele künstliche Stoffe und teilweise ungesunde Stoffe

ENTHÄLT – ES HAT OFT MIT DEM, WAS DIE NATUR ALS NAHRUNG HERVORBRINGT, NICHTS MEHR ZU TUN UND DAHER KANN ES UNSER KÖRPER AUCH NICHT MEHR FÜR DICH GEWINNBRINGEND VERARBEITEN.

WIE IN ALLEN BEREICHEN DES LEBENS KURSIEREN LEIDER AUCH RUND UM DIE ERNÄHRUNG UND DIE GESUNDHEIT SEHR VIEL HALBWISSEN UND TRENDS IN UNSERER GESELLSCHAFT, OHNE DASS MENSCHEN GENAU HINTERFRAGEN, WAS WIRKLICH STIMMT UND WO ALL DIESE HYPES HERKOMMEN. UNABHÄNGIG VON TRENDS UND HYPES, WEIßT DU, WAS DIR PERSÖNLICH GUT TUT UND DIR KRAFT UND ENERGIE GIBT? NEIN, DANN IST ES AN DER ZEIT, DASS DU ES HERAUSFINDEST. DEIN KÖRPER WEIß GENAU, WAS ER BRAUCHT. ES BRAUCHT NUR EIN WENIG ACHTSAMKEIT DEINERSEITS, IN DEINEN KÖRPER HINEINZUSPÜREN, WIE ES DIR NACH DEM ESSEN VON GEWISSEN NAHRUNGSMITTELN GEHT – WIRST DU MÜDE, TRÄGE UND SCHWER, ODER BEKOMMST DU EINEN ENERGIESCHUB?

NEBEN DER NAHRUNG SIND ABER AUCH DEINE GEDANKEN ENERGIE FÜR DEINEN KÖRPER, DIE IHM ENTWEDER SCHADEN ODER IHN UNTERSTÜTZEN. POSITIVE GEDANKEN ERHÖHEN DEINE SCHWINGUNGSFREQUENZ UND MACHEN DEINEN KÖRPER STÄRKER UND WENIGER ANFÄLLIG FÜR KRANKHEITEN. WIE KANNST DU DIR DEINER GEDANKEN BEWUSST WERDEN? GANZ EINFACH, INDEM DU SIE BEOBACHTEST! AUCH DEINE GEFÜHLE IN JEDEM MOMENT SIND EIN GUTER HINWEIS – WENN DU DICH SCHLECHT FÜHLST, HEGST DU FALSCHE GEDANKEN, DIE NICHT STIMMEN. AUCH HIER BEDARF ES WIEDER DER ACHTSAMKEIT. IM ALLTAG VERGESSEN WIR OFT DARAUF, MIT UNS SELBST ACHTSAM ZU SEIN. DA GIBT ES APPS UND TIMER, DIE DU IN REGELMÄßIGEN ABSTÄNDEN SETZEN KANNST, DIE DIR HELFEN, INNEZUHALTEN, UM DICH KURZ ZU FRAGEN, WAS DU GERADE DENKST UND FÜHLST.

UND ZU GUTER LETZT GEHT ES DANN AUCH NOCH UM EINE FÜR DICH OPTIMALE BEWEGUNG DEINES KÖRPERS. FÜR DIE EINEN MAG DAS SEIN, EINEN MARATHON ZU LAUFEN, MOUNTAINBIKEN ZU GEHEN ODER SONSTIGER LEISTUNGSSPORT, FÜR DEN

NÄCHSTEN IST ES EINFACH NUR SPAZIEREN ZU GEHEN, IN DER NATUR ZU SEIN UND ZU ENTSCHLEUNIGEN, ANDERE WIEDERUM MACHEN GERNE YOGA ODER GEHEN TANZEN. WAS AUCH IMMER DU TUST, ZIEL IST, DASS DEIN KÖRPER DIE GESPEICHERTEN ENERGIEN UND VOR ALLEM BLOCKADEN LOSLASSEN KANN UND DASS DU ZEIT FINDEST, WO DU MIT DIR UND DEINEM KÖRPER IM EINKLANG BIST UND IM GESPÜR BIST.

ICH MÖCHTE NICHT SAGEN, DASS OHNE GESUNDHEIT AUF EINMAL ALLES NICHTS MEHR WERT IST, DENN ES GIBT UNZÄHLIGE MENSCHEN, DIE IHR LEBEN TROTZ KRANKHEIT NEU AUSRICHTEN UND ZEIGEN, DASS MAN GLÜCKLICH UND ERFÜLLT LEBEN KANN. UND DENNOCH IST GESUNDHEIT EIN GESCHENK, DAS MAN NICHT ALS GEGEBEN NEHMEN DARF, SONDERN WOFÜR MAN AKTIV ETWAS BEITRAGEN DARF - SO WIE MAN SICH AUCH UM SEIN AUTO ODER SEINE KINDER KÜMMERT. AUCH WENN UNS DAS GESUNDHEITSSYSTEM DAS IMMER GLAUBEN MACHEN MÖCHTE, ABER GESUNDHEIT KANN MAN NICHT MIT GELD KAUFEN.

GESUNDHEIT LIEGT IN DEINER EIGENEN VERANTWORTUNG.

WAS DU DENKST,

BIST DU.

WAS DU BIST,

STRAHLST DU AUS.

WAS DU AUSSTRAHLST,

ZIEHST DU AN.

BUDDHA

SEELISCHE GESUNDHEIT

PRIM. MR PRIV.-DOZ DR. JOHANNES FELLINGER
VORSTAND INSTITUT FÜR SINNES- UND SPRACHNEUROLOGIE

„Der seelisch gesunde Mensch ist ein Mensch, der aus
seiner Liebe, seiner Vernunft und seinem Glauben
heraus lebt, der sein eigenes Leben und das seiner
Mitmenschen achtet."

Erich Fromm

Das Wichtigste
zur <u>seelischen</u>
<u>Gesundheit</u> in
Gebärden :

Daumen nach
oben in Richtung
zu sich selbst :
<u>Ich bin OK</u> !

Hand mit
erhobenem Zeigefinger
und Kleinfinger
mit Richtung zum
Gegenüber :
<u>Ich liebe Dich</u> !

und das alles
mit <u>positiver</u>
mimischer
„ <u>Ausstrahlung</u> "

Johannes Fellinger

ACHTSAMKEIT

STREBT NICHTS AN,
SIE SIEHT EINFACH
WAS SCHON DA IST.

„ACHTSAMKEIT
IST EINE GRUNDVORAUSSETZUNG FÜR EIN
GLÜCKLICHES UND ERFOLGREICHES LEBEN."

PAULO COELHO

„Achtsamkeit bedeutet, dass wir ganz bei unserm TUN
verweilen, ohne uns ablenken zu lassen."

Dalaï Lama

Von Denkenden und Bewussten Menschen

Gerald Pichler
Querdenker & mehr

"Ich denke, also bin ich"

Was bedeutet diese Aussage von René Descartes für Dich? Dein Ich-Gefühl, Deine Sicht auf Dich, definiert sich überwiegend über Dein Denken. Somit hat Dein Ich und auch jedes andere seine eigene Geschichte, seine eigenen selbst auferlegten Grenzen, seine ganz spezifische Form. Diese Form kann enger gefasst sein oder einen weiteren Rahmen bieten. Der Unterschied kann von "Ich" zu "Ich" sehr verschieden sein und ist spielentscheidend (bezogen auf: das Leben ist ein Spiel).

Denn: Enge bedeutet innerliche Schnelligkeit. Wenn Du innerlich unruhig bist, können schon kleinste Irritationen große Bewegungen in Dir auslösen. Je mehr Du Dir dann selbst glaubst, umso mehr bist Du mit der Welt und ihren Reizen verwickelt, ergo umso emotionaler und intensiver reagierst Du.

Bist Du jedoch innerlich ruhig, besitzt Du die Fähigkeit auch in schwierigen Situationen Klarheit zu behalten. Du hast eine weiter gefasste Perspektive auf Dich und das, was Dich bewegt. Dies verhilft Dir eine angemessenere Entscheidung zu treffen, besser mit Dir selbst sowie mit Deinem Umfeld zu kommunizieren und wenn notwendig, zu kooperieren.

Deine Grenzen sind also von Dir selbst erschaffen und daher machen sie meist für Dich Sinn. Es gilt zu erkennen, „wo" sie sind und „wer" ihnen Kraft verleiht. Dann bekommst Du die Fähigkeit, achtsam mit ihnen und damit Dir selbst umzugehen.

Unser ICH stabilisiert sich durch sehr schnelle Rückkopplungsprozesse, damit es für uns als stabile Einheit erscheint. Unsere Ich-Struktur können wir wie einen Kreisel sehen. Ohne den entsprechenden Schwung fällt er um. Oder anders gesagt: Der Kreisel braucht immer wieder erneut Energie, um in Bewegung zu bleiben. Je schneller sich dieser Kreisel dreht, umso stabiler ist Dein ICH, umso mehr hältst Du an Deinen erlernten Konditionierungen und Glaubenssätzen fest und umso schwieriger fallen Dir Veränderungen.

Gelingt es Dir, Deinen Kreisel zu verlangsamen, dann wird Dir Entscheidendes, vorher nicht Wahrnehmbares, auffallen. Dieses Prinzip der Entschleunigung bedienen sich verschiedenste Weisheitslehren schon seit Jahrtausenden. Sie sagen: Deine wahre Natur ist die Grenzenlosigkeit. Deine erlebten Begrenzungen existieren nur im Denken und sind reine Vorstellungskraft - wie in einem Traum.

Um diese Grenzenlosigkeit bzw. Einheit für sich zu realisieren, ist Achtsamkeit (Präsenz, Langsamkeit, Stille) eine grundlegende Voraussetzung. Ohne dass der Kreisel umfällt oder zumindest schwankt, ist keine tiefgehende Selbsterkenntnis und somit auch keine transformale Entwicklung möglich.

Ist das auch was für Dich? Nicht jeder strebt eine (Selbst)-Realisation = „Erleuchtung" an. Doch warum nicht? Auch wenn der Kreisel vielleicht oder zum Glück noch nicht ganz umfällt und noch ein paar Grenzen

BESTEHEN BLEIBEN, BRINGT BEREITS DIE VERLANGSAMUNG DER DREHUNG MEIST SCHON EINE RADIKAL ANDERE PERSPEKTIVE AUF DEINE GLAUBENSSÄTZE, DEINE HALTUNGEN, DEINE BEDEUTUNGSGEBUNGEN UND SOMIT AUCH AUF DEINE HANDLUNGEN MIT SICH.

WAS BRINGT DIR DAS?

DU KANNST IN KOMPLEXEN VIELDEUTIGEN SITUATIONEN
MEHR MÖGLICHKEITEN ERKENNEN, UM LÖSUNGEN ZU FINDEN.

DU KANNST DEINE BEDÜRFNISSE UND ABHÄNGIGKEITEN
KRAFTVOLLER UND KLARER SEHEN UND AUSDRÜCKEN.

DU BEKOMMST EIN TIEFERES VERSTÄNDNIS FÜR DIE PROZESSE IN DIR
UND EIN VERTRAUEN IN DEREN ZUSAMMENHÄNGE.

DU ENTWICKELST AUTOMATISCH MITGEFÜHL FÜR DICH,
DEINE MITMENSCHEN UND DIE NATUR.

DEIN ENERGIELEVEL ERHÖHT SICH UND DU ENTWICKELST MEHR
UNTERSCHEIDUNGSKRAFT DAFÜR, WAS DIR WIRKLICH GUTTUT UND WAS NICHT.

KURZ UND KNAPP: DU WIRST ENTSPANNTER UND KANNST DEN VERÄNDERUNGEN
DES LEBENS GELASSEN GEGENÜBERTRETEN.

"Ich denke, also bin ich"

ABER:
DU BIST NICHT DEINE GEDANKEN,
DU KANNST DIR DEINER GEDANKEN BEWUSST SEIN.
DAS BEDEUTET FREIHEIT UND MACHT DICH ZU EINEM BEWUSSTEN MENSCHEN.

Die Kunst, zu leben

Dr. Wolfgang & Dr. Andrea Berger
Advokat & Farmers Club & Bäuerin

1

„Von nichts zu viel"
Solon rund 500 vor Christus

2

Der goldene Mittelweg

Mesotes (griechisch „Mitte") ist ein Terminus der antiken Philosophie, der durch Aristoteles in die Ethik eingeführt wurde. Er bezeichnet die Stellung einer Tugend zwischen zwei einander entgegengesetzten Lastern, dem „Übermass" und dem „Mangel"

③
DER GOLDENE SCHNITT

IST AUCH IN DER ARCHITEKTUR EIN GUTER ANSATZ.
ES MUSS ABER HIN UND WIEDER RAUM FÜR SPÄßE UND ENTSPANNUNG
SEIN, WIE THOMAS VON AQUIN SAGTE.
DAS BEDEUTET, DASS AUCH BEI STRENGEN
STRUKTUREN DAS SPIELERISCHE NICHT ZU KURZ
KOMMEN DARF.

④
MUT

IST OFT NUR MANGELNDES VORSTELLUNGSVERMÖGEN. TRAU DICH, BEHERZT IN EINE
VIELLEICHT UNSICHERE SITUATION ZU GEHEN UND ETWAS ...ZU WAGEN, ABER DENKE
VORHER DARÜBER NACH!

⑤
ERFOLG

DARF NUR LANGFRISTIG, ZUR VERMEIDUNG VON FRUSTRATION, VIELLEICHT AUCH
MITTELFRISTIG DEFINIERT WERDEN, HIER MIT DEM JAHRTAUSENDE-ALTEN SATZ:

„JEDEM DAS SEINE UNTERLEGT, DASS DAS AUSGEWOGEN SEIN MUSS UND NICHT
ZULASTEN DRITTER GEHEN DARF."

DIE GERECHTIGKEITSFORMEL IST SEIT ÜBER 2500 JAHREN ÜBERLIEFERT
(LATEINISCHE URSPRUNGSVERSION: SUUM CUIQUE!) UND BESAGT, DASS JEDER DAS
ERHALTEN SOLL, WAS IHM AUCH WIRKLICH ZUSTEHT.

MEMENTO

VOR MEINEM EIGNEN TOD IST MIR NICHT BANG,
NUR VOR DEM TODE DERER, DIE MIR NAH SIND.
WIE SOLL ICH LEBEN, WENN SIE NICHT MEHR DA SIND?

ALLEIN IM NEBEL TAST ICH TODENTLANG
UND LASS MICH WILLIG IN DAS DUNKEL TREIBEN.
DAS GEHEN SCHMERZT NICHT HALB SO WIE DAS BLEIBEN.

DER WEISS ES WOHL, DEM GLEICHES WIDERFUHR;
- UND DIE ES TRUGEN, MÖGEN MIR VERGEBEN.
BEDENKT: DEN EIGNEN TOD, DEN STIRBT MAN NUR,
DOCH MIT DEM TOD DER ANDERN MUSS MAN LEBEN.

Masha Kaléko

Die Gedanken einer Kerze

von Adalbert Ludwig Balling

Jetzt habt Ihr mich entzündet und schaut in mein Licht. Ihr freut euch an meiner Helligkeit, an der Wärme, die ich spende. Und ich freue mich, dass ich für Euch brennen darf. Wäre dem nicht so, läge ich vielleicht irgendwo in einem alten Karton - sinnlos, nutzlos.

Sinn bekomme ich erst dadurch, dass ich brenne.

Aber je länger ich brenne, desto kürzer werde ich. Ich weiß, es gibt immer beide Möglichkeiten für mich: Entweder bleibe ich im Karton - unangerührt, vergessen, im Dunkeln, oder aber ich brenne, werde kürzer, gebe alles her, was ich habe, zugunsten des Lichtes und der Wärme. Somit führe ich mein eigenes Ende herbei. Und doch, ich finde es schöner und sinnvoller, etwas hergeben zu dürfen, als kalt zu bleiben und im düsteren Karton zu liegen...

Schaut, so ist es auch mit euch Menschen!

Entweder ihr zieht euch zurück, bleibt für euch -und es bleibt kalt und leer-, oder ihr geht auf die Menschen zu und schenkt ihnen von eurer Wärme und Liebe, dann erhält euer Leben Sinn.

Aber dafür müsst ihr etwas in euch selbst hergeben, etwas von eurer Freude, von eurer Herzlichkeit, von eurem Lachen, vielleicht auch von eurer Traurigkeit.

Ich meine, nur wer sich verschenkt, wird reicher. Nur wer andere froh macht, wird selbst froh. Je mehr ihr für andere brennt, umso heller wird es in euch selbst. Ich glaube, bei vielen Menschen ist es nur deswegen düster, weil sie sich scheuen, anderen ein Licht zu sein.

Ein einziges Licht das brennt, ist mehr wert als alle Dunkelheit der Welt. Also, lasst euch ein wenig Mut machen von mir, einer winzigen Kerze."

NICHTS WIRD SO SEIN WIE VORHER

Matthias Horx
Trend- und Zukunftsforscher, Publizist & Visionär

COVID19 - DAS IST EIN HISTORISCHER MOMENT
(MÄRZ 2020...AM BEGINN IN DER COVID19 KRISE IN ÖSTERREICH)

Ich werde derzeit oft gefragt, wann Corona denn "vorbei sein wird" und alles wieder zur Normalität zurückkehrt. Meine Antwort: Niemals. Es gibt historische Momente, in denen die Zukunft ihre Richtung ändert. Wir nennen sie **BIFURKATIONEN**. Oder **TIEFENKRISEN**. Diese Zeiten sind jetzt. Die Welt as we know it löst sich gerade auf. Aber dahinter fügt sich eine neue Welt zusammen, deren Formung wir zumindest erahnen können.

Dafür möchte ich Ihnen eine Übung anbieten, mit der wir in Visionsprozessen bei Unternehmen gute Erfahrungen gemacht haben. Wir nennen sie die **REGNOSE**.

Im Gegensatz zur PRO-Gnose schauen wir mit dieser Technik nicht "in die Zukunft". Sondern von der Zukunft aus ZURÜCK ins Heute. Klingt verrückt? Versuchen wir es einmal:

Die Re-Gnose: Unsere Welt im Herbst 2020

Stellen wir uns eine Situation im Herbst vor, sagen wir im September 2020. Wir sitzen in einem Straßencafé in einer Großstadt. Es ist warm, und auf der Straße bewegen sich wieder Menschen. Bewegen sie sich anders? Ist alles so wie früher? Schmeckt der Wein, der Cocktail, der Kaffee, wieder wie früher? Wie damals vor Corona? Oder sogar besser? Worüber werden wir uns rückblickend wundern?

Wir werden uns wundern, dass die sozialen Verzichte, die wir leisten mussten, selten zu Vereinsamung führten. Im Gegenteil. Nach einer ersten Schockstarre führten viele von sich sogar erleichtert, dass das viele Rennen, Reden, Kommunizieren auf Multikanälen plötzlich zu einem Halt kam. Verzichte müssen nicht unbedingt Verlust bedeuten, sondern können sogar neue Möglichkeitsräume eröffnen. Das hat schon mancher erlebt, der zum Beispiel Intervallfasten probierte – und dem plötzlich das Essen wieder schmeckte. Paradoxerweise erzeugte die körperliche Distanz, die das Virus erzwang, gleichzeitig neue Nähe. Wir haben Menschen kennengelernt, die wir sonst nie kennengelernt hätten.

Wir haben alte Freunde wieder häufiger kontaktiert, Bindungen verstärkt, die lose und locker geworden waren. Familien, Nachbarn, Freunde, sind näher gerückt und haben bisweilen sogar verborgene Konflikte gelöst.

Die gesellschaftliche Höflichkeit, die wir vorher zunehmend vermissten, stieg an.

Jetzt im Herbst 2020 herrscht bei Fußballspielen eine ganz andere Stimmung als im Frühjahr, als es jede Menge Massen-Wut-Pöbeleien gab. Wir wundern uns, warum das so ist.

Wir werden uns wundern, wie schnell sich plötzlich Kulturtechniken des Digitalen in der Praxis bewährten. Tele- und Videokonferenzen, gegen die sich die meisten Kollegen immer gewehrt hatten (der Business-Flieger war besser) stellten sich als durchaus praktikabel und produktiv heraus. Lehrer lernten eine Menge über Internet-Teaching. Das Homeoffice wurde für viele zu einer Selbstverständlichkeit - einschließlich des Improvisierens und Zeit-Jonglierens, das damit verbunden ist.

Gleichzeitig erlebten scheinbar veraltete Kulturtechniken eine Renaissance. Plötzlich erwischte man nicht nur den Anrufbeantworter, wenn man anrief, sondern real vorhandene Menschen. Das Virus brachte eine neue Kultur des Langtelefonieren ohne Second Screen hervor. Auch die "Messages" selbst bekamen plötzlich eine neue Bedeutung. Man kommunizierte wieder wirklich. Man ließ niemanden mehr zappeln. Man hielt niemanden mehr hin. So entstand eine neue Kultur der Erreichbarkeit. Der Verbindlichkeit.

Menschen, die vor lauter Hektik nie zur Ruhe kamen, auch junge Menschen, machten plötzlich ausgiebige Spaziergänge (ein Wort, das vorher eher ein Fremdwort war). Bücher lesen wurde plötzlich zum Kult.

Reality Shows wirkten plötzlich grottenpeinlich. Der ganze Trivia-Trash, der unendliche Seelenmüll, der durch alle Kanäle strömte. Nein, er verschwand nicht völlig. Aber er verlor rasend an Wert.
Kann sich jemand noch an den Political-Correctness-Streit erinnern? Die unendlich vielen Kulturkriege um ... ja um was ging es da eigentlich?

KRISEN WIRKEN VOR ALLEM DADURCH, DASS SIE ALTE PHÄNOMENE AUFLÖSEN, ÜBERFLÜSSIG MACHEN...

ZYNISMUS, DIESE LÄSSIGE ART, SICH DIE WELT DURCH ABWERTUNG VOM LEIBE ZU HALTEN, WAR PLÖTZLICH REICHLICH OUT. DIE ÜBERTREIBUNGS-ANGST-HYSTERIE IN DEN MEDIEN HIELT SICH, NACH EINEM KURZEN ERSTEN AUSBRUCH, IN GRENZEN. NEBENBEI ERREICHTE AUCH DIE UNENDLICHE FLUT GRAUSAMSTER KRIMI-SERIEN IHREN TIPPING POINT.

WIR WERDEN UNS WUNDERN, DASS SCHLIESSLICH DOCH SCHON IM SOMMER MEDIKAMENTE GEFUNDEN WURDEN, DIE DIE ÜBERLEBENSRATE ERHÖHTEN. DADURCH WURDEN DIE TODESRATEN GESENKT UND CORONA WURDE ZU EINEM VIRUS, MIT DEM WIR EBEN UMGEHEN MÜSSEN – ÄHNLICH WIE DIE GRIPPE UND DIE VIELEN ANDEREN KRANKHEITEN. MEDIZINISCHER FORTSCHRITT HALF. ABER WIR HABEN AUCH ERFAHREN: NICHT SO SEHR DIE TECHNIK, SONDERN

DIE VERÄNDERUNG SOZIALER VERHALTENSFORMEN WAR DAS ENTSCHEIDENDE.

DASS MENSCHEN TROTZ RADIKALER EINSCHRÄNKUNGEN SOLIDARISCH UND KONSTRUKTIV BLEIBEN KONNTEN, GAB DEN AUSSCHLAG. DIE HUMAN-SOZIALE INTELLIGENZ HAT GEHOLFEN. DIE VIELGEPRIESENE KÜNSTLICHE INTELLIGENZ, DIE JA BEKANNTLICH ALLES LÖSEN KANN, HAT DAGEGEN IN SACHEN CORONA NUR BEGRENZT GEWIRKT.

DAMIT HAT SICH DAS VERHÄLTNIS ZWISCHEN TECHNOLOGIE UND KULTUR VERSCHOBEN. VOR DER KRISE SCHIEN TECHNOLOGIE DAS ALLHEILMITTEL, TRÄGER ALLER UTOPIEN. KEIN MENSCH – ODER NUR NOCH WENIGE HARTGESOTTENE – GLAUBEN HEUTE NOCH AN DIE GROSSE DIGITALE ERLÖSUNG. DER GROSSE TECHNIK-HYPE IST VORBEI. WIR RICHTEN UNSERE AUFMERKSAMKEITEN WIEDER MEHR AUF DIE HUMANEN FRAGEN: WAS IST DER MENSCH? WAS SIND WIR FÜREINANDER?

WIR STAUNEN RÜCKWÄRTS, WIE VIEL HUMOR UND MITMENSCHLICHKEIT IN DEN TAGEN DES VIRUS TATSÄCHLICH ENTSTANDEN IST.

WIR WERDEN UNS WUNDERN, WIE WEIT DIE ÖKONOMIE SCHRUMPFEN KONNTE, OHNE DASS SO ETWAS WIE "ZUSAMMENBRUCH" TATSÄCHLICH PASSIERTE, DER VORHER BEI JEDER NOCH SO KLEINEN STEUERERHÖHUNG UND JEDEM STAATLICHEN EINGRIFF BESCHWOREN WURDE. OBWOHL ES EINEN "SCHWARZEN APRIL" GAB, EINEN TIEFEN KONJUNKTUREINBRUCH UND EINEN BÖRSENEINBRUCH VON 50 PROZENT, OBWOHL VIELE UNTERNEHMEN PLEITEGINGEN, SCHRUMPFTEN ODER IN ETWAS VÖLLIG ANDERES MUTIERTEN, KAM ES NIE ZUM NULLPUNKT. ALS WÄRE WIRTSCHAFT EIN ATMENDES WESEN, DAS AUCH DÖSEN ODER SCHLAFEN UND SOGAR TRÄUMEN KANN.

HEUTE IM HERBST, GIBT ES WIEDER EINE WELTWIRTSCHAFT. ABER DIE GLOBALE JUST-IN-TIME-PRODUKTION, MIT RIESIGEN VERZWEIGTEN WERTSCHÖPFUNGS-KETTEN, BEI DENEN MILLIONEN EINZELTEILE ÜBER DEN PLANETEN GEKARRT WERDEN, HAT SICH ÜBERLEBT. SIE WIRD GERADE DEMONTIERT UND NEU KONFIGURIERT. ÜBERALL IN DEN PRODUKTIONEN UND SERVICE-EINRICHTUNGEN WACHSEN WIEDER ZWISCHENLAGER, DEPOTS, RESERVEN. ORTSNAHE PRODUKTIONEN BOOMEN, NETZWERKE WERDEN LOKALISIERT, DAS HANDWERK ERLEBT EINE RENAISSANCE. DAS GLOBAL-SYSTEM DRIFTET IN RICHTUNG **GLOKALISIERUNG**: LOKALISIERUNG DES GLOBALEN.

WIR WERDEN UNS WUNDERN, DASS SOGAR DIE VERMÖGENSVERLUSTE DURCH DEN BÖRSENEINBRUCH NICHT SO SCHMERZEN, WIE ES SICH AM ANFANG ANFÜHLTE. IN DER NEUEN WELT SPIELT VERMÖGEN PLÖTZLICH NICHT MEHR DIE ENTSCHEIDENDE ROLLE. WICHTIGER SIND GUTE NACHBARN UND EIN BLÜHENDER GEMÜSEGARTEN. KÖNNTE ES SEIN, DASS DAS VIRUS UNSER LEBEN IN EINE RICHTUNG GEÄNDERT HAT, IN DIE ES SICH SOWIESO VERÄNDERN WOLLTE?

RE-GNOSE GEGENWARTSBEWÄLTIGUNG DURCH ZUKUNFTS-SPRUNG

Warum wirkt diese Art der "Von-Vorne-Szenarios" so irritierend anders als eine klassische Prognose? Das hängt mit den spezifischen Eigenschaften unseres Zukunfts-Sinns zusammen. Wenn wir "in die Zukunft" schauen, sehen wir ja meistens nur die Gefahren und Probleme "auf uns zukommen", die sich zu unüberwindbaren Barrieren türmen. Wie eine Lokomotive aus dem Tunnel, die uns überfährt. Diese Angst-Barriere trennt uns von der Zukunft. Deshalb sind Horror-Zukünfte immer am einfachsten darzustellen.

Re-Gnosen bilden hingegen eine Erkenntnis-Schleife, in der wir uns selbst, unseren inneren Wandel, in die Zukunftsrechnung einbeziehen. Wir setzen uns innerlich mit der Zukunft in Verbindung, und dadurch entsteht eine Brücke zwischen Heute und Morgen. Es entsteht ein "Future Mind"-Zukunfts-Bewusstheit.

Wenn man das richtige macht, entsteht so etwas wie Zukunfts-Intelligenz. Wir sind in der Lage, nicht nur die äußeren "Events", sondern auch die inneren Adaptionen, mit denen wir auf eine veränderte Welt reagieren, zu antizipieren. Das fühlt sich schon ganz anders an als eine Prognose, die in ihrem apodiktischen Charakter immer etwas Totes, Steriles hat. Wir verlassen die Angststarre und geraten wieder in die Lebendigkeit, die zu jeder wahren Zukunft gehört.

Wir alle kennen das Gefühl der geglückten Angstüberwindung. Wenn wir für eine Behandlung zum Zahnarzt gehen, sind wir schon lange vorher besorgt. Wir verlieren auf dem Zahnarztstuhl die Kontrolle und das schmerzt, bevor es überhaupt wehtut. In der Antizipation dieses Gefühls steigern wir uns in Ängste hinein, die uns völlig überwältigen können. Wenn wir dann allerdings die Prozedur überstanden haben, kommt es zum Coping-Gefühl: Die Welt wirkt wieder jung und frisch und wir sind plötzlich voller Tatendrang.

COPING HEISST: BEWÄLTIGEN. NEUROBIOLOGISCH WIRD DABEI DAS ANGST-ADRENALIN DURCH DOPAMIN ERSETZT, EINE ART KÖRPEREIGENER ZUKUNFTS-DROGE. WÄHREND UNS ADRENALIN ZU FLUCHT ODER KAMPF ANLEITET (WAS AUF DEM ZAHNARZTSTUHL NICHT SO RICHTIG PRODUKTIV IST, EBENSO WENIG WIE BEIM KAMPF GEGEN CORONA), ÖFFNET DOPAMIN UNSERE HIRNSYNAPSEN: WIR SIND GESPANNT AUF DAS KOMMENDE, NEUGIERIG, VORAUSSCHAUEND. WENN WIR EINEN GESUNDEN DOPAMIN-SPIEGEL HABEN, SCHMIEDEN WIR PLÄNE, HABEN VISIONEN, DIE UNS IN DIE VORAUSSCHAUENDE HANDLUNG BRINGEN.

ERSTAUNLICHERWEISE MACHEN VIELE IN DER CORONA-KRISE GENAU DIESE ERFAHRUNG. AUS EINEM MASSIVEN KONTROLLVERLUST WIRD PLÖTZLICH EIN REGELRECHTER RAUSCH DES POSITIVEN. NACH EINER ZEIT DER FASSUNGSLOSIGKEIT UND ANGST ENTSTEHT EINE INNERE KRAFT. DIE WELT "ENDET", ABER IN DER ERFAHRUNG, DASS WIR IMMER NOCH DA SIND, ENTSTEHT EINE ART NEU-SEIN IM INNEREN. MITTEN IM SHUT-DOWN DER ZIVILISATION LAUFEN WIR DURCH WÄLDER ODER PARKS, ODER ÜBER FAST LEERE PLÄTZE. ABER DAS IST KEINE APOKALYPSE, SONDERN EIN NEUANFANG.

SO ERWEIST SICH: WANDEL BEGINNT ALS VERÄNDERTES MUSTER VON ERWARTUNGEN, VON WAHRNEHMUNGEN UND WELT-VERBINDUNGEN. DABEI IST ES MANCHMAL GERADE DER BRUCH MIT DEN ROUTINEN, DEM GEWOHNTEN, DER UNSEREN ZUKUNFTS-SINN WIEDER FREISETZT. DIE VORSTELLUNG UND GEWISSHEIT, DASS ALLES GANZ ANDERS SEIN KÖNNTE – AUCH IM BESSEREN. VIELLEICHT WERDEN WIR UNS SOGAR WUNDERN, DASS TRUMP IM NOVEMBER ABGEWÄHLT WIRD. DIE AFD ZEIGT ERNSTHAFTE ZERFRANSENS-ERSCHEINUNGEN, WEIL EINE BÖSARTIGE, SPALTENDE POLITIK NICHT ZU EINER CORONA-WELT PASST. IN DER CORONA-KRISE WURDE DEUTLICH, DASS DIEJENIGEN, DIE MENSCHEN GEGENEINANDER AUFHETZEN WOLLEN, ZU ECHTEN ZUKUNFTSFRAGEN NICHTS BEIZUTRAGEN HABEN. WENN ES ERNST WIRD, WIRD DAS DESTRUKTIVE DEUTLICH, DAS IM POPULISMUS WOHNT.

POLITIK IN IHREM UR-SINNE ALS FORMUNG GESELLSCHAFTLICHER VERANTWORTLICH-KEITEN BEKAM DIESER KRISE EINE NEUE GLAUBWÜRDIGKEIT, EINE NEUE

Legitimität. Gerade weil sie "autoritär" handeln musste, schuf Politik Vertrauen ins Gesellschaftliche. Auch die Wissenschaft hat in der Bewährungskrise eine erstaunliche Renaissance erlebt. Virologen und Epidemiologen wurden zu Medienstars, aber auch "futuristische" Philosophen, Soziologen, Psychologen, Anthropologen, die vorher eher am Rande der polarisierten Debatten standen, bekamen wieder Stimme und Gewicht. Fake News hingegen verloren rapide an Marktwert. Auch Verschwörungs-Theorien wirkten plötzlich wie Ladenhüter, obwohl sie wie saures Bier angeboten wurden.

Ein Virus als Evolutionsbeschleuniger

Tiefe Krisen weisen obendrein auf ein weiteres Grundprinzip des Wandels hin:

Die Trend-Gegentrend-Synthese. Die neue Welt nach Corona – oder besser mit Corona – entsteht aus der Disruption des Megatrends Konnektivität. Politisch-ökonomisch wird dieses Phänomen auch "Globalisierung" genannt. Die Unterbrechung der Konnektivität – durch Grenzschließungen, Separationen, Abschottungen, Quarantänen – führt aber nicht zu einem Abschaffen der Verbindungen. Sondern zu einer Neuorganisation der Konnektome, die unsere Welt zusammenhalten und in die Zukunft tragen. Es kommt zu einem Phasensprung der sozio-ökonomischen Systeme.

Die kommende Welt wird Distanz wieder schätzen – und gerade dadurch Verbundenheit qualitativer gestalten. Autonomie und Abhängigkeit, Öffnung und Schließung, werden neu ausbalanciert. Dadurch kann die Welt komplexer, zugleich aber auch stabiler werden. Diese Umformung ist weitgehend ein blinder evolutionärer Prozess – weil das eine scheitert, setzt sich das Neue, überlebensfähig, durch. Das macht einen zunächst schwindelig, aber dann erweist es seinen inneren Sinn: Zukunftsfähig ist das, was die Paradoxien auf einer neuen Ebene verbindet.

Dieser Prozess der Komplexierung – nicht zu verwechseln mit Komplizierung – kann aber auch von Menschen bewusst gestaltet werden. Diejenigen, die das können, die die Sprache der kommenden Komplexität sprechen, werden die Führer von Morgen sein. Die werdenden Hoffnungsträger. Die kommenden Gretas.

"Wir werden durch Corona unsere gesamte Einstellung gegenüber dem Leben anpassen – im Sinne unserer Existenz als Lebewesen inmitten anderer Lebensformen.", Slavo Zizek im Höhepunkt der Coronakrise März 2020

Jede Tiefenkrise hinterlässt eine Story, ein Narrativ, das weit in die Zukunft weist. Eine der stärksten Visionen, die das Coronavirus hinterlässt, sind die musizierenden Italiener auf den Balkonen. Die zweite Vision senden uns die Satellitenbilder, die plötzlich die Industriegebiete Chinas und Italiens frei von Smog zeigen. 2020 wird der CO_2-Ausstoss der Menschheit zum ersten Mal fallen. Diese Tatsache wird etwas mit uns machen.

Wenn das Virus so etwas kann – können wir das womöglich auch?

Vielleicht war das Virus nur ein Sendbote aus der Zukunft. Seine drastische Botschaft lautet: Die menschliche Zivilisation ist zu dicht, zu schnell, zu überhitzt geworden. Sie rast zu sehr in eine bestimmte Richtung, in der es keine Zukunft gibt. Aber sie kann sich neu erfinden.

System Reset. Cool down!
Musik auf den Balkonen!
So geht Zukunft!

SCHREIB'

DEINE

ZUKUNFT

SELBST.

WARUM ?

BRINGT DICH DAS, WAS DU JETZT TUST, DEINEN ZIELEN WIRKLICH NÄHER?

BESCHREIBE, WARUM DU DAS JETZT MACHST, WAS DU MACHST UND NOTIERE AUS DEINEM BUCH DIE FÜR DICH WICHTIGSTEN AUSSAGEN, FASSE DIESE HIER ZUSAMMEN UND BEGINNE DANACH DEINE NEUE GESCHICHTE, DEINE NEUEN ZIELE ZU SCHREIBEN.

SCHAU NICHT ZURÜCK, DEIN LEBEN LIEGT VOR DIR.

„Je älter wir werden, umso erfahrener werden wir."

„Wer Anderen die Schuld gibt,
gibt Anderen die Macht."

„Je länger wir auf die ZUKUNFT warten, desto kürzer wird sie…"

„Glücklich ist, wer vergisst,
dass er nicht mehr zu retten ist."

„Verlang mehr vom LEBEN als Du erwarten würdest."

„Brich die Regeln!
Vor allem die, die Andere aufgestellt haben."

„Die Erwartungen ANDERER
sind immer die Erwartungen ANDERER."

„Ist man reich, wenn man Geld hat
oder ist man reich wenn man ZEIT hat?"

„Wir bereuen selten die Dinge, die wir getan haben.
Wir bereuen vielmehr die Dinge,
die wir nicht getan haben."

„Wir sollten manchmal handeln,
als wäre es unmöglich zu scheitern."

„Echte Entscheidungen bedeuten immer,
SICHERHEIT aufzugeben."

„Jeder von uns lebt im Gefängnis seiner eigenen VORSTELLUNGSKRAFT."

„Sei in der Zukunft
eine bessere Version von DIR selbst."

„Der einzige Platz in dem Träume möglich werden,
ist in den eigenen Gedanken."

„Man braucht keinen Grund, um zu gehen,
wenn man keinen mehr hat, um zu bleiben."

„Chancen gehen nie verloren,
sie werden manchmal von anderen genutzt!"

274

„Chancen gehen nie verloren,
sie werden manchmal von anderen genutzt!"

„Leistungen von pflichterfüllenden Menschen gehen nie darüber hinaus was erwartet wird. Begeisterte Menschen übersteigen meistens die Erwartungen."

„Menschen übernehmen Verantwortung,
wenn ihnen etwas am Herzen liegt."

„Nichts existiert unabhängig."
Dalai Lama

„Glück ist eine Überwindungsprämie"

„"Ein Mensch malt mit seinem Gehirn
und nicht mit seinen Händen."
Michelangelo Buonarroti

„Vergleiche Dich nicht — Du bist ein Unikat."

„Jeder Tag ist ein neuer Anfang. Nutze diese Chance."

„Man darf durch eine neue Tür nur gehen,
wenn man die alte hinter sich zumachen kann."

Friedrich von Bodelschwingh

„Es gibt keinen Weg zum Glück.
Glücklichsein ist der Weg."
Buddha

#

„Dies ist nicht das Ende.
Es ist nicht einmal der Anfang vom Ende.
Aber es ist, vielleicht, das Ende des Anfangs."
Sir Winston Churchill

ICH BIN FÜR MEIN LEBEN

SELBST VERANTWORTLICH

„WIR SOLLTEN NIE AUFHÖREN,
DIE DINGE ZU ERFORSCHEN.

AM ENDE

ALLER NACHFORSCHUNGEN
WERDEN WIR WIEDER
DORT ANKOMMEN,
WO WIR LOSGEGANGEN SIND,
ABER DANN ERST
WERDEN WIR DAS VERTRAUTE
WIRKLICH KENNEN."

T.S.ELIOT

„Es ist wahr,
was die Philosophie sagt,

dass das LEBEN

rückwärts verstanden werden

muss.

Aber darüber vergisst man

den andern Satz:

DASS VORWÄRTS

GELEBT WERDEN MUSS."

Sören Aabye Kierkegaard:

Warum bist DU hier gelandet?

Vielleicht war das kein Zufall. Vielleicht schwirren Dir auch gerade viele Überlegungen durch den Kopf, oder Du musst gar eine gewichtige Entscheidung für Dich treffen. Vielleicht ist es aber auch nur dieses dumpfe Gefühl, etwas Neues für Dich entdecken zu wollen.
Impulse können uns genau in diesen Momenten helfen.

Sind wir uns doch einmal ehrlich. Das Leben zeigt uns oft kleine Hinweise und Impulse, die viele Menschen gar nicht wahrnehmen. Egal, in welcher Lebenssituation wir uns befinden, Impulse helfen uns, neue Wege einzuschlagen, bestehende Wege zu ebnen, Großartiges zu erschaffen, oder einfach, uns selbst besser kennen zu lernen.

Die Frage ist doch vielmehr, sind wir dazu auch bereit?
Oder lassen wir diesen Impuls regungslos an uns vorüberziehen?

„Verbindet man kraftvolle Orte mit interessanten Menschen und persönlichen Themen, dann entstehen Impulse. Plötzlich sehen wir uns und viele Dinge klarer.", Oskar Kern

VIP Code: „ICHBINOK"
WWW.IMPULSREISE.COM

„ICH ERKENNE DAS **WESENTLICHE**, ZEIGE KLARE WEGE UND **WIRKE!**"

„Motivierte Menschen MACHEN DAS GEWÖHNLICHE *außergewöhnlich gut."*

OSKAR KERN

MANAGER, SPEAKER, AUTOR, IMPULSGEBER

WIRD ALS GESCHICKTER STRATEGE, MOTIVATOR, VERSIERTER BERATER SOWIE MANAGER MIT HAUSVERSTAND UND UMSETZUNGSSTÄRKE BEZEICHNET. JA, DAS BESCHREIBT IHN EIGENTLICH GANZ GUT. ABER ER IST VOR ALLEM EINES: EIN MENSCH, DER ANDERE MENSCHEN BEWEGEN KANN UND SOMIT IST ER BRANCHENÜBERGREIFENDER ANSPRECHPARTNER FÜR NEUE DENKANSÄTZE, IMPULSGEBER FÜR GEDANKEN UND HALTUNGEN, DIE DEN ERFOLG BESTIMMEN.

SEINE VORTRÄGE SIND UNGEWÖHNLICH, PRAXISORIENTIERT UND VOR ALLEM HUMORVOLL.

WWW.OSKARKERN.COM

BEWEGENDE IMPULSE + UNGEWÖHNLICHE VORTRÄGE

ENDE GUT, ALLES GUT.

AM ENDE IST ALLES GUT,
UND WENN ES NOCH NICHT GUT IST,
IST ES NOCH NICHT DAS ENDE.

WIR MERKEN ERST AM ENDE,
DASS WIR AM ANFANG
SCHON ZU VIEL ZEIT
VERLOREN HABEN.